Molière Et Les Dévots

Baumal, Francis, 1878-

*La plupart des devoirs découlent
de la dévotion*

(LA ROCHEFOUCAULD)

Molière

et

Les Dévots

.

FRANCIS BAUMAL

LA GENÈSE DU TARTUFE

Molière

et

Les Dévots

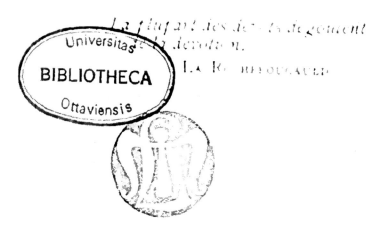

La plupart des dévots sont dégoûtés
de la dévotion.
LA ROCHEFOUCAULD

PARIS

EDITION DU LIVRE MENSUEL

3, Boulevard des Batignolles

MCMXIX

LE LIVRE MENSUEL

Il paraîtra chaque année sous ce titre une série de dix volumes, dont la diversité d'inspiration embrassera toutes les branches du savoir philosophie — théâtre — roman — sociologie — archéologie — religion — franc-maçonnerie — critique — art — poésie — curiosités — voyages, etc. et dont la tenue littéraire sera parfaite.

Le prix marqué de chaque volume sera proportionné à son importance, il ne sera jamais inférieur à cinq francs.

Mais il sera créé des abonnements extrêmement avantageux pour la série des dix volumes, aux prix suivants :

Abonnement ordinaire	France et Colonies	*Trente francs.*
	Étranger	*Quarante francs*
Abonnement sur hollande	*Quatre-vingt francs pour tous pays*	

En outre du bénéfice qu'il retire en ne payant que trente francs une série de volumes qui seront vendus au *minimum* 50 francs en librairie, l'abonné a droit toujours à un exemplaire de l'édition originale. C'est un point qui a son importance, car en raison de l'excellence des auteurs

CHAPITRE PREMIER

JUSTIFICATION DE L'ÉPIGRAPHE
ET POSITION DU PROBLÈME

1° *Molière et La Rochefoucauld*

Ce n'est pas par pure fantaisie que j'ai choisi, pour épigraphe à ce livre, une phrase signée La Rochefoucauld.

Avant d'entreprendre de rédiger les réflexions que je croyais devoir formuler touchant l'immortel pamphlet de Molière contre l'hypocrisie dévote, l'inspiration me vint de relire les *Maximes* du gentilhomme précieux. Et, comme je méditais l'âpre doctrine de ce Moraliste, j'admirais comment son hautain pessimisme s'exaspéra, plutôt qu'il ne fut tempéré, par les grâces exquises, mais un peu apprêtées, d'une société où la courtoisie, sans doute, l'emporta de beaucoup sur la sincérité.

Une politesse un peu futile, me disais-je, jointe à des raffinements rares dans les sentiments et dans la pensée, ont conduit ce siècle de luxe à préférer l'élégance des gestes et l'harmonie des cadres à l'austère renoncement de la vertu comme à l'abnégation de l'apostolat ou de l'héroïsme.

Ainsi je feuilletai longuement ce livre, moitié lisant, moitié rêvant. Et mes yeux tombèrent sur cette maxime :

« La plupart des amis dégoûtent de l'amitié et la plupart des dévots dégoûtent de la dévotion. » (1)

J'étais pénétré de Molière et imprégné de La Rochefoucauld ; il m'apparut que le gentilhomme et le comédien, si distants qu'on les pût croire, étaient liés d'une étroite parenté intellectuelle.

On se plaît à citer cet aphorisme de l'auteur des

(1) Maxime 427. Edit. Regnier. Collection des Grands Ecrivains. Cette maxime n'a été publiée que dans la 5ᵐᵉ édition (1678).

Maximes : « L'hypocrisie est un hommage que le vice rend à la vertu. »

Les placets de Molière procèdent de la même pensée ; et aussi les tirades de Cléante. Molière avait à se défendre : son plaidoyer ne manque pas de subtilité.

L'aphorisme de La Rochefoucauld ne fut peut-être qu'une précaution oratoire, une sorte de parenthèse édulcorante, ouverte comme un paradoxe finement aiguisé, au beau milieu de tant d'amères assertions. Peut-être a-t-il jailli, simplement, par un de ces jeux d'esprit auxquels l'auteur aimait à s'exercer devant de jolies interlocutrices.

Le jeu alors ne laisserait pas d'être quelque peu narquois. Car quiconque tirerait les conclusions de toutes ces sentences ingénieuses, inclinerait, à tout le moins, vers cette conviction qu'il n'est guère, pratiquement, de vertu qui ne soit un masque ou, comme dit l'auteur, une « mine. »

« Dans toutes les professions, lit-on dans les *Maximes*, chacun affecte une mine et un extérieur pour paraître ce qu'il veut qu'on le croie. Ainsi on peut dire que le monde n'est composé que de mines. »

Ce grand seigneur s'est donc amusé à disséquer

les plus beaux sentiments humains pour y découvrir ce qu'il se mêle de fiel à leur douceur, de
mesquinerie grossière à leur élégance, d'égoïsme
brutal, enfin, à leur apparent désintéressement.
Cette dissection, il est vrai, s'est accomplie avec la
collaboration, à la fois séduisante et décevante, de
la belle Madame de Sablé entourée de sa cour. Les
déceptions de l'amoureux, jointes aux désillusions
du politique, ne sont pas pour rien dans le désen-
chantement du philosophe.

Mais la question n'est pas de savoir à quelle dose
un moraliste a pu associer son cœur à ses pensées.
La question est de savoir si cette participation du
sentiment a, chez lui, aveuglé l'esprit, ou si, au
contraire, par elle, s'est trouvée accrue la finesse
de l'analyse et développée l'acuité de la vision. Je
rêverais d'interroger, parmi les hommes, tous ceux
qui ont vraiment vécu, c'est-à-dire qui ont
su voir au travers de la vie, ceux dont l'expérience
n'a pas été déformée par ces lunettes des dogmes
religieux, sociaux, politiques, — dont aucune
intelligence humaine, au surplus, ne saurait esqui-
ver l'usage —. Encore qu'une pareille enquête ne
soit pas possible. j'incline. pour ma part, à penser
que, parmi ces sages. plusieurs répèteraient volon-

tiers, « de certaines heures. après La Rochefoucauld « *L'hypocrisie est un hommage que le vice
rend à la vertu* ». Mais est-il trop osé d'affirmer
que, dans le secret de la pensée, la plupart l'ap-
prouveraient plus volontiers encore d'avoir osé
écrire « *Ce que nous prenons pour des vertus n'est
souvent qu'un assemblage de diverses actions et de
divers intérêts que la fortune ou notre industrie savent
arranger* ? »

Molière avait beaucoup vécu ; il était, lui aussi,
amoureux ; il fut déçu dans ses amours Très
ouvert à l'amitié, il avait été quelquefois trahi.
Observateur et analyste, enfin — quoique ne s'étant
pas exercé dans les ruelles précieuses à condenser
en de jolies maximes le fruit de ses expériences et
l'amertume de ses déceptions —, Molière savait,
sans doute, comme La Rochefoucauld que « *la
haine pour les faveurs n'est que l'amour de la faveur* »,
ou que ce que l'on prend d'ordinaire pour de la
sincérité n'est « *qu'une fine dissimulation pour
attirer la confiance d'autrui.* » Et, enfin, il n est pas
à douter que le comédien eût remarqué, tout
comme le noble philosophe, que l'hypocrisie est
un des fondements des sociétés humaines. Une
edition du *Misanthrope* pourrait, aussi bien, porter

en exergue, cette épigraphe : « *Les hommes ne vivraient pas longtemps en société, s'ils n'étaient dupes les uns des autres.* » Car, que fait le grand comique, si ce n'est de condamner au désert un honnête homme — doublé d'un homme honnête — mais insociable en ce qu'il prétend ne vouloir jamais ni duper les autres, ni soi-même être dupe ?

2° *Les Maximes et le Tartuffe*

Si ces suggestions ne sont pas téméraires, il y a lieu d'observer que la coïncidence des dates ajoute beaucoup à l'intérêt présenté par ce parallélisme de la pensée. Le *Tartuffe* est composé en 1664. Or, c'est le moment même où La Rochefoucauld met la dernière main à la première édition des *Maximes*, lesquelles virent le jour en 1665.

Cette première édition fût, par la suite, notablement remaniée. L'auteur condensa un grand nombre de pensées, parfois par une coquetterie d'artiste et quelquefois, peut-être, parce que de certains développements ou de certains détails d'observation avaient, avec le temps, perdu de

leur intérêt ou de leur opportunité. Toujours est-il
qu'on lit dans l'édition définitive cette maxime :

« L'humilité n'est souvent qu'une feinte soumis-
sion dont on se sert pour soumettre les autres :
c'est un artifice de l'orgueil qui s'abaisse pour
s'élever ; et, bien qu'il se transforme en mille
manières, il n'est jamais mieux déguisé et plus
capable de tromper que lorsqu'il se cache sous la
figure de l'humilité. »

Cette sentence, ainsi condensée, ne nous laisse
que très vaguement entrevoir sur quelle expérience et sur quels modèles ont porté les observations dont elle a été pétrie. Combien plus instruc-
tif, à cet égard, est le texte de la première
édition :

« L'humilité n'est souvent qu'une feinte sou-
mission que nous employons pour soumettre
effectivement tout le monde. C'est un mouvement
de l'orgueil, par lequel il s'abaisse devant les hommes pour s'élever sur eux. C'est un déguisement
et son premier stratagème ; mais quoique ses changements soient presque infinis et qu'il soit admirable sous toutes ses figures, il faut avouer néanmoins qu'il n'est jamais si rare ni si extraordinaire
que lorsqu'il se cache sous la forme et sous l'habit
de l'humilité : *car alors on le voit, les yeux baissés,
dans une contenance modeste et reposée ; toutes ses
paroles sont douces et respectueuses, pleines d'estime
pour les autres et de dédain pour lui-même. Si on*

veut l'en croire, il est indigne de tous les honneurs, il n'est capable d'aucun emploi ; il ne reçoit les charges que comme un effet de la bonté des hommes et de la faveur aveugle de la fortune. C'est l'orgueil qui joue tous ces personnages que l'on prend pour l'humilité. »

Qui ne sent combien nous sommes près de Tartuffe ? (1)

Humilité, devotion, c'est tout un : l'Evangile, au dire de tous les commentateurs, a établi l'humilité, avec la douceur, comme la première assise de la piété · « Apprenez de moi que je suis doux et humble de cœur », a dit le Christ.

Pour tous les ordres religieux, pour tous les chrétiens qui ne s'appliquent pas seulement à la pratique vulgaire de la religion, mais qui aspirent à réaliser cette vie de perfection dont parlent les mystiques, l'humilité est la première et l'essentielle vertu. · Ouvrez l'*Imitation de Jésus-Christ*, après les généralités du premier chapitre (2), des le second, l'auteur s'applique à définir l'humilité, à en marquer la nécessité, à en célébrer les bienfaits. (3)

_____

(1) Voir édit Regnier. Maxime 124. p 134 et la note 1.
(2) De Imitatione Christi et contemptu omnium vanitatum mundi.
(3) De humili sentire sui ipsius.

Au surplus La Rochefoucauld ne pensait pas autrement là-dessus que les auteurs mystiques. Une maxime l'atteste formellement :

« L'humilité est la véritable preuve des vertus chrétiennes : sans elle nous conservons tous nos défauts et ils sont seulement couverts par l'orgueil qui les cache aux autres et à nous-mêmes. »

Cette maxime n'a été publiée que dans la quatrième édition (1671). Il est remarquable que La Rochefoucauld ait, là aussi, changé le texte du manuscrit et ait procédé à une suppression tout à fait analogue à celle que j'ai signalée plus haut :

« L'humilité, avait-il écrit, est la seule et véritable preuve des vertus chrétiennes et *c'est elle qui manque le plus dans les personnes qui se donnent à la dévotion.* (1)

D'autres sentences sur le même sujet figuraient dans le manuscrit; elles ont été omises dans les diverses éditions parues du vivant de l'auteur. L'esprit en est le même, l'intention satirique en est évidente :

« Force gens veulent être dévots, mais personne ne veut être humble. »

_____

(1) Ed. Regnier. Max. 358, pp. 169-170 et note 1 ; les maximes qui suivent sont les n°s 534. 537 et 536 de la même édition.

« L'humilité est l'autel sur lequel Dieu veut qu'on lui offre des sacrifices. »

Enfin, pour bien démontrer que l'évocation de Tartuffe n'est pas, de ma part, une fantaisie sans consistance, il sied de citer encore ces deux lignes qui ne furent pas non plus publiées par l'auteur, mais qui sont, pour nous, très significatives :

« Les véritables mortifications sont celles qui ne sont point connues; la vanité rend les autres faciles. »

N'en doutons pas, La Rochefoucauld, lorsqu'il parle de l'humilité, pense à la dévotion.

On veut que, dans toutes ces réflexions sur l'ostentation de la fausse humilité, le moraliste ait visé la duchesse de Longueville (1). C'est trop restreindre le champ de l'observation et, par conséquent, le champ de l'allusion. Les illustres convertis ne manquaient pas. C'est Conti, c'est Mecklembourg, c'est, à Bayeux, un calviniste, ailleurs, un More, qui se font de païens catholiques ou de libertins dévots, avec un luxe inouï de réclame ; sans parler du jeune Loménie de Brienne qui entre à l'Oratoire, ni de Mlle de Mortemart ou de Mlle de Lyonne qui prennent le voile. On ne peut

---

(1) Ed. Regnier. p. 231. note à la max. 536.

citer ici que quelques noms, mais la liste serait longue des pécheurs touchés par la grâce.

A supposer que toutes ces conversions aient été sincères peut-on douter qu'autour de tant d'illustres enfants prodigues, il n'y ait eu toute une floraison d'hypocrites, jadis compagnons de débauches, par goût autant que par intérêt, aujourd'hui dévots à contre-cœur, par nécessité, mais d'autant plus austères qu'ils sont plus suspects?

Un prélat, Daniel de Cosnac, ancien confident de Conti, s'exprime ainsi touchant les anciens compagnons de cette altesse convertie à la dévotion :

« Comme l'humeur de ce prince le portait à prendre toutes choses avec violence, sa dévotion était austère, et ces adroits favoris jugèrent bien qu'ils étaient perdus, s'ils ne suivaient l'inclination de leur maître. Dès lors on vit ces deux raffinés hypocrites blâmer hautement le vice qu'ils pratiquaient en secret, et servir chaque jour publiquement à la messe de M. le Prince avec une dévotion aussi affectée que peu exemplaire ; car tout le monde, excepté le Prince, connaissait les motifs qui les obligeaient d'en user de la sorte. » (1).

Assurément La Rochefoucauld avait assez de

---

(1) *Mémoires* de Cosnac T. I. pp. 15. 16. 210. 257 ; T. II. pp. 105 et 106.

modèles sous les yeux, pour que ces observations eussent une portée très large.

En veut-on une preuve ? Un contemporain lit cette maxime : « *L'orgueil se dédommage toujours et ne perd rien, lors même qu'il renonce à la vanité.* » Et il l'apprécie en ces termes, dans une annotation : « *Vrai. Témoin les dévots.* » (1)

On peut donc dire qu'à travers La Rochefoucauld, nous avons l'opinion du plus intelligent, peut-être, des salons précieux sur une question du jour : celle de la fausse dévotion. Je dis une question du jour, me référant à la fréquence des allusions qui y sont faites dans les *Maximes*. Il sera apporté d'autres preuves de cette actualité de l'hypocrisie dévote. Mais, quand on songe à ce texte de la première édition qui donne une attitude si caractéristique à l'humble orgueilleux des *Maximes*, est-il possible de douter que nous ayons devant nous le Tartuffe aristocratique, vu dans les salons, par des gens du monde, à l'époque où Molière le dévoilait tel qu'il l'avait observé dans toute la France, en province comme à Paris ?

---

(1) Voir l'édition Regnier, p. 44, maxime 33 et la note. Cette maxime figurait dans l'édition de 1665.

Il vaudrait peut-être la peine d'étudier avec plus de détails les points qui rapprochent la philosophie et les observations de Molière de celles de La Rochefoucauld. Je m'en garderai, n'ayant, au seuil de cette étude, suggéré l'existence de cette analogie, que pour justifier mon épigraphe.

Car mon intention, précisément, est d'établir que, si Molière a écrit son *Tartuffe* pour beaucoup de raisons d'opportunité, les principales se trouvent indiquées dans la maxime de La Rochefoucauld dont s'adorne la page liminaire de ce livre.

Au moment, en effet, où il composait sa pièce, Molière avait quelque raison d'estimer que « *la plupart des amis dégoûtent de l'amitié.* » Pour le reste, ce n'est pas Molière seul, mais une très forte partie de l'opinion publique, à la Cour, à la Ville, dans toute la Province, parmi la Noblesse, comme au sein du Clergé, qui opinait alors que, suivant l'expression du moraliste : « *La plupart des dévots dégoûtent de la dévotion.* »

3° *Le problème du Tartuffe*

Que le *Tartuffe* soit une pièce à clef, c'est-à-dire une pièce à laquelle des contemporains aient servi d'originaux — il n'est pas permis d'en douter : tout le xviiᵉ siècle l'a cru ; il en avait de bons motifs puisque Molière en a fait l'aveu. (1)

Le goût de l'époque allait aux « portraits plus encore qu'aux « Maximes ». Victor Cousin n'a pas eu de peine à démontrer que le *Grand Cyrus* était moins une fiction qu'une chronique, agrémentée de détails romanesques, mais dont tous les personnages, comme les principales péripéties, appartiennent à l'histoire. Il y eut des clefs de certaines pièces de Racine — la plus célèbre, sans doute, est celle de *Bérénice* —; il y en eut, on le sait assez, des *Caractères* de La Bruyère. Comment n'y en eût-il pas eu des comédies de Molière ?

Le *Tartuffe* n'avait pas encore été joué publiquement que toute la bonne compagnie citait les personnes visées par le comique. On indiquait l'abbé de Roquette, ou l'abbé de Pons, ou bien le poète Sarrazin ; on parlait d'un certain nombre de gentilshommes ; on prononçait même le nom du haut et puissant seigneur, Prince de Conti, naguère le protecteur et l'ami de Molière.

Mais ces originaux n'étaient point, même alors,

_____

(1) Dans les deux Placets du Roi notamment.

les plus intéressants, entendez les plus capables d'assaisonner la pièce de ce piment du scandale, si fort apprécié d'une salle « intelligente ». Chacun savait que Molière avait voulu atteindre moins des particuliers, qu'une certaine collectivité.

Une partie du public, il est vrai, semble avoir hésité plus tard à identifier cette collectivité. Les amis des Jansénistes s'empressèrent d'affirmer que les Jésuites y étaient croqués en un profil impossible à méconnaître. Les amis des Jésuites répliquaient que Tartuffe, à n'en pas douter, était le propre portrait des Jansénistes. Mais les personnes bien renseignées connaissaient, au moment où parut la pièce, la signification prêtée par Molière à ces mots : les « Dévots », la « Cabale », qui sont répétés à plusieurs reprises. Ce n'était ni les Jésuites, ni les Jansénistes, dont il était question, mais tous ces chrétiens zélés — trop zélés — qui se trouvaient affiliés à la « Cabale des dévots ».

Cette expression « les Dévots », dans le langage d'alors, avait un sens préjoratif ; elle désignait non des personnes pieuses, mais des chrétiens dont la piété paraissait excessive. Les dévots, c'étaient les membres de ces confréries aux pieux vocables que les Jésuites avaient semées un peu partout sur le sol de France, dans les villes, dans les bourgs, dans les plus humbles paroisses. C'étaient les prosélytes les plus ardents de l'austère doctrine de Port-Royal (1). C'étaient les disciples de l'actif Vincent de Paul. C'étaient les apôtres bénévoles des paroisses, prompts à servir la piété expansive de curés agissants comme M. Olier. C'étaient les illustres convertis de la cour ou de la ville.

Cette troupe en apparence disparate était disciplinée, enrégimentée ; elle obéissait à des mots d'ordre venus de chefs mystérieux, souvent inconnus, quelquefois devinés des plus habiles ou des plus clairvoyants, rarement manifestement découverts.

Ces chefs eux-mêmes étaient unis et organisés en des sociétés secrètes, dont le siège était à Paris et qui avaient jeté des ramifications dans presque tous les gouvernements provinciaux. C'est cet état-major — très puissant, comme on le verra —

(1) De bonne heure cependant les Jansénistes furent en butte à l'hostilité des « Dévots ». A partir des *Provinciales* ceux-ci les poursuivent d'une haine irréductible. On voit pourtant que les allusions de Molière ont prêté très vite à confusion. Il est néanmoins certain que les Jansénistes ne furent aucunement visés par lui.

qui, à proprement parler, constituait la « Cabale ». C'est lui que le public averti reconnut sous les traits de Tartuffe.

La principale de ces sociétés était la *Compagnie du Très Saint-Sacrement de l'Autel*. On a cru jusqu'à ces dernières années qu'elle était la seule. Une autre, au moins, existait à côté d'elle : mais on ne connaît guère de cette dernière que son existence. Son nom même ne nous est parvenu que sous cette forme énigmatique l'A. A. (1).

L'existence des *Compagnies du Très Saint-Sacrement de l'Autel* n'était pas complètement ignorée au dernier siècle, mais il y a une vingtaine d'années seulement qu'on a connu l'importance du rôle qu'elles ont joué dans la vie religieuse du XVIIᵉ siècle. La révélation en avait été faite grâce aux *Annales de Voyer d'Argenson*. Découvertes au

_____

(1) Voir touchant l'A. A. et ses filiales provinciales, Raoul Allier *Une Société secrète au XVIIᵉ siècle. La Compagnie du Très Saint-Sacrement de l'autel à Toulouse* P. 1914. *Une Société émule de la Compagnie du Très Saint-Sacrement l'A. A. de Toulouse aux XVIIᵉ et XVIIIᵉ siècles*. Paris 1913, par le comte Bégouen. *Les Sociétés secrètes catholiques au XVIIᵉ siècle*, 1913, par l'abbé Alph. Auguste, *Une Société secrète aux XVIIᵉ et XVIIIᵉ siècles. L'A. A. cléricale*, 1893. Anonyme.

cabinet des Manuscrits de la Bibliothèque Nationale, analysées par le P. Clair dans les *Etudes* de la
Compagnie de Jésus, commentées avec assez
d'inexactitude, en 1899, par M. Robbe, dans la
Revue historique, ces *Annales* furent publiées par
un Bénédictin, Dom Beauchet Filleau.

Voyer d'Argenson avait composé en 1696 cette
relation des actes de la Cabale dispersée, pour
l'Archevêque de Paris, Antoine de Noailles, qu'il
voulait décider à autoriser le rétablissement de la
Compagnie de Paris. C'est donc un document très
précieux. Peut-être serait-il passé inaperçu de la
critique littéraire, si M. Raoul Allier n'avait
écrit, en 1902, une histoire très consciencieuse de
la *Cabale des Dévots*. Ce dernier livre lui-même a
été commenté et quelque peu complété par M. A.
Rebelliau, dans une série d'articles qu'il a donnés
à la *Revue des Deux Mondes*. Depuis lors, un grand
nombre d'études et de documents nouveaux ont
été mis au jour sur cette question. La critique
universitaire ne paraît pas s'être beaucoup
émue quoique le problème du *Tartuffe* s'en soit
trouvé complètement modifié. En dehors de
M Lanson, toujours scrupuleux en ses moindres
ouvrages, aucun éditeur de cette pièce (je veux

parler des éditions scolaires) n'a daigné, je crois s'en apercevoir ou, du moins, en convenir.

Il ne saurait être question de procéder à une analyse de tous les travaux qui ont paru sur les Compagnies du Saint-Sacrement. Mais il semble qu'il y ait lieu d'en tirer des conclusions d'ensemble. M. Raoul Allier a pensé que les véritables originaux de Molière écrivant *Tartuffe* et *Don Juan*, ce sont les Confrères du Saint-Sacrement. D'autres ont cru que ces conclusions étaient trop exclusives; ils veulent, avec Brunetière, que le libertin Molière s'en soit pris à tous les dévots et à la religion elle-même. Certains acceptent cette opinion mais admettent, d'ailleurs, que le comique a pu songer principalement aux Confrères en composant ces deux pièces. Ainsi raisonne, à peu près, M. Rebelliau, notamment.

A quelque conclusion que nous devions aboutir, il faut indiquer brièvement quelle fut l'origine de la Compagnie, quels furent son but et ses moyens d'action. Je rappellerai aussi quelles circonstances lui valurent la haine à peu près générale et, finalement, provoquèrent contre elle l'intervention des pouvoirs publics.

— 28 —

Notes Bibliographiques

I. *Documents :* 1° Voyer D'Argenson : *Annales de la Compagnie du Très Saint-Sacrement*, publiée par Dom Beauchet Filleau, in-8.

2° A Rebelliau : *La Compagnie secrète du S. S. à Marseille.* Lettres de la Compagnie de Paris à la Compagnie de Marseille, P. 1908.

3° R. Allier : *Une Société secrète au XVIIe siècle.* La Compagnie du T. S. S. à Marseille, P. 1909.

4° R. Allier : *Une Société secrète au XVIIe siècle.* La Compagnie du T. S. S. à Toulouse, P. 1914. (Le Comte Begouen s'est chargé de publier les procès-verbaux de la Compagnie de Tours.)

II. *Etudes documentaires :* 1° L'abbé Auguste : *Les Sociétés secrètes au XVIIe siècle*, 1913.

2° Leroux : *Bulletin archéologique du Limousin* XXXIII et XLV. (Registre de la Compagnie de Limoges.)

3° Prudhomme : *Histoire de Grenoble.* (A utilisé les Registres de la Compagnie de Grenoble.)

III. *Etudes critiques :* R. Allier : *La Cabale des Dévots,* 1902, A. Rebelliau dans la *Revue des Deux Mondes :* 1er juillet, 1er août, 1er septembre 1903, 15 août 1908, 15 octobre, 1er novembre 1909. — Yves de la Brière : *Ce que fut la Cabale des Dévots.* — Boudhors : *Rev. de l'Ens. second.*, 1903.

IV. *Ouvrages divers :* Dom Gabriel Gerberon : *Hist. du Jansénisme,* 1700, T. II. — *Mémoires d'Hermant* (Ed. Gazier), T. II. — *Mémoires du P. Rapin* (Ed. Aubineau), 1865. — Gaillon : *Vie de M. Olier,* T. I. — H. Joly : *Le P. Eudes,* 1907. — Abbé Deberre : *Hist. de la Vén. Marguerite du S. Sacrement,* 1906. — Abbé Aulagne : *La Réforme catholique du XVIIe siècle dans le diocèse de Limoges,* 1906, etc., etc...

CHAPITRE DEUXIÈME

LA CABALE DES DÉVOTS DEVANT L'HISTOIRE

1° La Compagnie du Très-Saint-Sacrement de l'Autel, sa fondation, son but, ses œuvres

Le promoteur de la « Compagnie du Saint-Sacrement » fut un pieux laïque, le duc de Ventadour, pair de France, prince de Maubuisson. A vrai dire, on peut s'étonner que le noble seigneur n'ait nulle part ses autels à l'instar de Louis de Gonzague, de Vincent de Paul ou du curé d'Ars.

Son édifiante biographie ne déparerait pas l'admirable collection de la « Vie des Saints ».

Qu'on en juge.

Le duc de Ventadour, dès sa jeunesse animé de l'amour de la Vérité, consacra ses efforts à la conversion des Huguenots. Son zèle ne se consumait pas seulement en prières et en pénitences ; il se dépensait en actes.

« La foi qui n'agit point est-ce une foi sincère ? »

Pieusement, il brûla quelques dizaines de villages, pilla quelques vingtaines de bourgs, saccagea ses propres terres pour les purger de l'hérésie. Ce qu'ayant accompli pour la plus grande gloire de Dieu, il résolut de songer à son propre perfectionnement moral et gravit les plus hauts degrés de la vie dévote.

Un peu tard, car il était marié, il entendit l'appel du Maître qui le pressait de se consacrer tout entier à son culte. Longtemps Ventadour pria. Enfin, exaucé, éclairé, résolu, il convainquit sa pieuse femme d'offrir avec lui à Dieu « leur très pur amour conjugal transformé en le très pur amour angélique ».

Les deux chastes époux vécurent quelques mois comme frère et sœur. Finalement la duchesse s'offrit en holocauste au Seigneur et, sacrifiant sa belle chevelure, fit profession dans un couvent du Carmel. Ceci se passait en 1629. Quelques années plus tard, obéissant à la vocation dont le Très-Haut l'avait favorisé, le digne mari d'une aussi sainte femme, se fit ordonner prêtre. (1)

Tel fut l'homme à qui vint la première idée de la Compagnie du Saint-Sacrement. Le duc n'avait songé qu'à grouper quelques hommes de bonne volonté pour travailler efficacement au triomphe et à l'exaltation de la Sainte Eglise.

Il s'en était ouvert d'abord au Père Philippe, capucin, puis à l'abbé de Grignan, futur évêque d'Uzès, qui l'avaient fort encouragé.

L'entrée en religion de la duchesse lui permit de réaliser ses projets. Ses deux confidents de la première heure et lui-même, avec le pieux Henry de Pichery, constituèrent au couvent de Saint-Honoré un premier noyau. Par la suite ils s'associèrent le P. Suffren, jésuite et confesseur de la Reine-Mère ; puis le marquis d'Andelot, François de Coligny, quelques évêques triés sur le volet,

(1) Tous les renseignements dont je n'indique pas la source sont empruntés aux *Annales* de d'Argenson ou au livre de M. R. Allier : *La Cabale des Dévots*.

l'ambassadeur de France à Rome, le général de l'Oratoire.

Tous organisèrent alors une association qu'ils appelèrent la « Compagnie du Saint-Sacrement de l'Autel » et, souvent, « la Compagnie », sans plus.

Ce qui les préoccupe à l'origine c'est de n'être point confondus avec les congrégations religieuses, ni avec les pieuses confréries de laïques. Ils prétendent ne s'embarrasser ni de « l'esprit de corps » ni « d'aucun esprit particulier » et ne retenir que l'esprit général de l'Eglise. La « Compagnie » n'est point une ligue de mystiques ou de pénitents. Il ne s'agit point de perfection individuelle ni d'apostolat de la prière. Il s'agit d'organiser le prosélytisme. Répandre la vérité et supprimer l'erreur ; propager la vertu et réprimer le vice, imposer *par des actes* le vrai culte et entraver, par tous les moyens, la pratique des fausses religions ; voilà le but essentiel de la Compagnie. Elle s'impose plus spécialement pour objet :

« De faire honorer partout le Saint-Sacrement et procurer qu'on lui rende tout le culte et le respect qui sont dus à la divine majesté, à la différence des congrégations et des confréries qui s'appliquent à l'honorer par des dévotions et des exercices de piété. » (1).

Cette association constitue donc un véritable *Comité d'action catholique*. Les hommes d'action qui la fondèrent comprirent que leur propagande dévote devait s'appuyer sur des œuvres de charité. Aussi dès le début se promettent-ils :

« D'embrasser toutes les œuvres difficiles, fortes, négligées, abandonnées et de s'appliquer pour les besoins du prochain dans toute l'étendue de la charité. » (2).

Tels sont à sa fondation, l'esprit et le but de la future *Cabale des Dévots*. Voyons quels furent, par la suite, son organisation et ses moyens d'action :

Il est d'abord bien établi qu'à l'encontre des congrégations religieuses et des pieuses confréries, « en aucun cas la Compagnie n'agit de son chef ni avec autorité, ni comme corps, *mais seulement par ses membres* : en s'adressant aux prélats pour les choses spirituelles et aux magistrats pour

(1) R. Allier, *La Cabale des Dévots*, p. 19. Il cite d'Argenson.

(2) Cf. Dans les *Annales* de d'Argenson, le Mémoire sur l'*Esprit de la Compagnie du S. S.*

3

les choses temporelles. Elle excite sans cesse à entreprendre tout le bien possible, tous ceux qu'elle juge propres à ses fins, *sans se manifester elle-même.* » (1).

N'agir jamais comme corps, mais faire agir ses membres, user de leur crédit et de leur autorité, faire en sorte qu'ils paraissent toujours s'employer de leur propre chef sans avoir reçu mandat de personne, alors qu'ils ne font qu'exécuter le mot d'ordre de leur petit comité ; voilà le programme. C'est celui d'une société secrète. La Compagnie du Saint-Sacrement est, en plein XVIIe siècle, une véritable Franc-Maçonnerie catholique.

Le secret ! le secret ! d'abord et à tout prix : c'est la recommandation constante des Directeurs :

« La première des voies qui forment l'esprit de la Compagnie, c'est le secret; sans lui, les Compagnies ne seraient pas des Compagnies du Saint-Sacrement, mais des Confréries ou autres associations de piété. » (2).

---

(1) *Annales.* Mémoires sur l'*Esprit de la Compagnie du T. S. S.*

(2) Cf. les documents publiés par MM. A. Rebelliau et Raoul Allier touchant la Compagnie de Marseille et notamment dans Rebelliau les lettres des 18 et 20 octobre 1660.

Pas de règlements imprimés ; pas de personnalité civile ; pas de biens de communauté. Tout cela nuit au secret. Les ordres et les directions sont transmis soit par lettres, soit, dans les cas pressants et graves, par des ambassadeurs spéciaux. Interdiction aux Compagnies de province de correspondre directement entre elles : il pourrait se produire des fuites et des indiscrétions. Le plus grand mystère préside à toutes les décisions comme au recrutement des membres. (1).

Le secret s'étend le plus souvent aux évêques eux-mêmes, qui, normalement devraient exercer un contrôle spirituel sur toutes les œuvres de ce genre.

L'activité de la Compagnie se confondra donc avec l'activité personnelle de ses membres ; ceux-ci agiront pourtant avec la plus grande cohésion. Pour secrète et cachée qu'elle soit, la Compagnie n'en impose pas moins à ses initiés la discipline la plus rigoureuse, et l'obéissance de tous, pour

(1) On peut voir dans le livre de M. Allier, quelle discrétion méticuleuse présidait à ces initiations et la politique prudente qu'on avait coutume de pratiquer à l'égard des néophytes après qu'on avait jeté les yeux sur eux.
Cf. notamment pages 248 et suivantes.

volontaire qu'elle puisse être, reste stricte et absolue. Le Supérieur, le Directeur et le Secrétaire,
assistés des autres officiers, administrent la collectivité en lui imprimant leur direction, en lui
insufflant leur esprit : ils sont l'âme de toute
l'œuvre.

Aux réunions périodiques, les membres viennent
faire part de leurs actions, raconter leurs déboires
et leurs espérances, épancher leur cœur et recevoir
aussi leur tâche. Ainsi chacun visite les malades
qui lui sont désignés, accomplit les actes publics
de dévotion qui lui sont prescrits, reçoit mission
de réparer telle injustice, de prévenir tel scandale,
de provoquer les mesures qui mettront un terme
à tel abus. Tous enfin se font un devoir de signaler
les scandales dont ils ont été les témoins, de dénoncer les blasphémateurs, les prostituées, les filles
coupables, les femmes adultères, en même temps
qu'ils indiquent les pauvres honteux à secourir,
les conversions à entreprendre, les bonnes œuvres
à encourager. (1)

(1) Cf. Raoul Allier ; La Compagnie du Très-Saint-
Sacrement de l'Autel, à Marseille, pages 285-464. On trou-
vera là près de 300 procès-verbaux des conférences de la
Compagnie qui prouvent la parfaite exactitude de ces
affirmations.

Il faut rendre justice à ces âmes pieuses. Le plus souvent leurs intentions étaient pures, leur sincérité absolue. Leur charité fut infatigable.

Il n'est point de grandes œuvres d'assistance auxquelles on ne trouve mêlée la Compagnie du Saint-Sacrement. Il semble même qu'elle en ait été souvent l'inspiratrice. Nous voyons les confrères travailler avec zèle à l'amélioration du sort des galériens, protestant contre les pillages et les exactions dont ces derniers étaient les victimes, provoquant des instructions pour que fussent effectivement réparties les aumônes qui leur étaient destinées ; s'employant à les faire libérer, à l'encontre des errements en pratique, aussitôt expirée la durée de leur peine. (1) Ils fondent l'hôpital des galériens dont on attribue généralement l'initiative à Vincent de Paul. (2) Ils participent à l'administration de l'Hôtel-Dieu, et préparent les voies à la création des Dames de la Charité. C'est la Compagnie qui, probablement, eut l'idée première de cet Hôpital Général auquel Monsieur Vincent consacra par la suite tous ses soins et tous ses efforts. C'est

(1) Cf. Rebelliau, op. cit. lettres VIII, XI, XX et le P. S.
(2) Cf. Rebelliau, op. cit. lettres XVI, XVII, XXII (au P. S.), XXXI, XXXII.

elle, en effet, qui organisa en 1652, les Magasins Généraux, institutions charitables dont le rôle fut de centraliser et de répartir les dons en nature, par quoi devait être atténuée la détresse genérale. Et il est permis de voir là le premier germe de ce qui devint, en 1657, l'Hôpital Général. (1)

Les confrères se consacrèrent d'une façon toute particulière aux œuvres des prisons. Sans doute, ils songèrent davantage d'abord à l'assistance spirituelle des condamnés et leur premier souci fut de faire interdire l'accès des maisons d'arrêt aux femmes de débauche qui y pénétraient librement comme au lupanar. Mais les visites régulières qu'ils organisèrent permirent de déceler bien des abus : nombre d'incarcérations arbitraires dévoilées, nombre d'exactions réprimées, nombre d'injustices réparées, mille adoucissements au sort des détenus doivent être comptés à l'actif de leur charité bienfaisante.

Constamment préoccupée d'entraver la prosti-

---

(1) Dans une lettre adressée à la Compagnie de Marseille, la Compagnie de Paris considère formellement l'œuvre de « l'Hôpital Général charitable » comme sienne. « Elle est, dit-elle, la plus grande et la plus forte de toutes nos entreprises ». Rebelliau. op. cit. lettre du 1er février 1657.

tution publique, la Compagnie comprit que ni la prédication, ni le bon exemple, ni même la répression ne suffiraient à cette tâche. Elle perçut, en partie du moins, les causes sociales et économiques du mal et elle s'efforça d'y obvier.

C'est ainsi qu'on la voit partout susciter ou favoriser la création ou le développement des œuvres de préservation morale. Elle déploie en ce sens une activité incroyable. Non seulement elle instruit les jeunes personnes, leur apprenant à lire et s'efforçant à développer en elles le sens moral mais elle conçoit l'idée de l'enseignement professionnel et s'ingénie à procurer du travail aux nombreuses filles de la campagne qui, fascinées, comme aujourd'hui, par l'éclat de la capitale, n'y trouvaient, trop souvent, d'autres moyens de vivre que de se prostituer.

Durant les misères de la Fronde, les confrères ont été les plus précieux auxiliaires de l'Assistance Publique; s'ils eurent quelque temps pour rivaux les Jansénistes et la Mère Angélique, ils ne tardèrent pas à exercer à Paris l'hégémonie de la charité publique. (1) Ces Magasins Généraux dont j'ai

_____

(1) Leur charité s'étend aussi à la province. En 1651 la Compagnie vint au secours de la Picardie et de la Cham-

déjà parlé ont réparti, grâce à l'activité du clergé intelligemment mobilisé à cet effet par M. Vincent et par M. Olier, une quantité considérable d'aumônes en nature auxquelles il faut ajouter d'importantes sommes provenant de dons en espèce.

On s'aperçut assez vite que la charité officieuse n'atteignait guère que les mendiants professionnels ou occasionnels, les pauvres, enfin, qui se font un métier de solliciter.

Pour atteindre les misères cachées, les confrères créent des œuvres spécialement destinées à toucher les pauvres honteux. On voit naître sur la paroisse de Saint-Sulpice, par exemple, un ordre particulier pour le soulagement des malheureux « qui ont des charges ou emplois honnêtes, ou qui tiennent boutique et ceux qui peuvent raisonnablement avoir honte de demander publiquement leurs besoins à cause de leur profession ou de leur naissance. »

Il fallait insister sur l'activité charitable de la

---

pagne. « Elle a contribué près de 1.200 livres pour les semences et d'autres fonds pour les assistances ordinaires et la plupart des Compagnies contribuent aussi des sommes proportionnelles à leurs forces, qui toutes ensemble ont fait un fond considérable. » Rebelliau, lettres à la Compagnie de Marseille, lettre XCIV voir aussi la lettre XCIII.

Compagnie du Saint-Sacrement. Outre que l'impartiale histoire leur doit cette justice, on ne comprendrait pas que la Cabale eût pu trouver tant d'honnêtes défenseurs — et de bonne foi — contre Molière, ni qu'elle eût réussi à mettre cinq ans en échec le bon vouloir du Roi, la protection des Princes, l'impatiente curiosité du public, si on ne savait tout le bien qu'elle avait fait. Mais ce devoir accompli, il faut indiquer brièvement comment ces saints apôtres ont mérité d'être peints sous les traits répugnants d'un Tartuffe.

2° La Compagnie du Saint-Sacrement de l'Autel;

ses méthodes, ses agissements et sa police

Si les confrères du Saint-Sacrement se sont adonnés avec ardeur à la pratique des œuvres de bienfaisance, il est certain que, pour eux, la charité ne fut pas un but, mais un moyen. Grande fut donc leur charité, mais elle n'était qu'une arme au service de leur prosélytisme. Or, leur zèle était fanatique et implacable leur vertu.

On se souvient que le but spécial de la Compagnie était de faire honorer le Saint-Sacrement : Il ne lui suffit pas que les catholiques rendissent à l'Eucharistie de publics hommages ; il 'fallut aussi que les hérétiques fussent contraints de s'age-nouiller et de se prosterner dans la rue quand le viatique passait. Point d'intrigues, de ruses, de violences même dont on n'ait usé pour les y obliger. C'était un châtiment trop doux que la prison pour réduire les réfractaires. Les confrères furent, à coup sûr, les plus ardents instigateurs des persécutions religieuses et, plus que personne, ils travaillèrent à faire apparaître aux yeux du gouvernement de Louis XIV la révocation de l'Edit de Nantes comme une mesure politique indispensable.

Au surplus, en un temps où les querelles religieuses furent si ardentes et passionnément suivies par l'élite intellectuelle comme par les foules, le fanatisme ou l'intolérance dogmatique et cultuelle n'étaient pas des tares susceptibles de désigner une secte plutôt qu'une autre à l'attention du public.

La Compagnie, en se constituant en une sorte d'organisme d'Assistance publique ne visait qu'à jouer son rôle de moralisatrice. De fait elle fut une véritable entreprise de moralisation publique.

Qu'elle se mêlât de veiller à ce que les jeûnes et abstinences rituelles, durant le carême, notamment, fussent strictement observés, rien de mieux. Les vrais chrétiens ne pouvaient que l'en féliciter. Louis XIV, au temps de ses plus grands débordements, faisait trêve à ses plaisirs pendant les quarante jours voués à la pénitence. Les libertins eux-mêmes n'y auraient pas trouvé à redire. Ce qui eût paru du fanatisme et de l'intolérance, c'eût été d'essayer d'empêcher de telles observances. Les incidents des inventaires ont, de nos jours, sinon converti, du moins associé aux catholiques nombre d'indifférents, d'incrédules, d'athées, d'anticléricaux même. Les plus convaincus parmi les adversaires de « l'ignorantisme », de « l'obscurantisme » et du « dogmatisme » n'aiment-ils pas à se targuer d'un libéralisme de dilettantes et à proclamer la liberté des cultes ?

Par ailleurs, vouloir imposer à la minorité les pratiques de la majorité, ce n'est point une intolérance aux yeux des foules. La Compagnie du Saint-Sacrement ne se fût pas attiré de haines dangereuses, si elle se fût contentée de s'en prendre aux huguenots ou d'imposer les observances du culte catholique. Où elle commence de se rendre impopulaire, c'est lorsqu'elle s'attaque à de certaines superstitions plus ou moins grossières ou scandaleuses mais traditionnelles et séculaires.

Prétendre réprimer les orgies dont la Saint-Martin, ou la fête des Rois, ou le Carnaval (1) étaient alors le prétexte, c'était se montrer d'une impertinence ridicule et d'un fanatisme frisant l'odieux.

Entreprendre de réfréner la licence des théâtres et de mettre ordre à la pornographie des bateleurs, c'était violenter la conscience populaire. Qu'on se souvienne des quolibets dont l'honorable M. Bérenger a été si longtemps l'objet de la part de nos contemporains !

Et tout ceci peut-être eût été pardonné si la Compagnie n'avait poussé plus loin les excès de son zèle. Mais n'eut-elle pas l'audace de s'attaquer au duel ? C'était attenter à l'honneur. Si grande que pût être l'autorité du Marquis de Fénelon et des gentilshommes qui le suivirent sur ce terrain, si impérieuse que pût paraître la volonté de Louis XIV, héritier de la politique de Richelieu, ni la noblesse de Cour, ni la gentilhommerie de

---

(1) Voir Rebelliau. Lettres à la Compagnie de Marseille, notamment lettre XLVII (17 janvier 1662).

campagne, ne consentirent à se laisser déshonorer par la dévotion. L'Honneur était alors un principe de moralité sociale aussi vénéré, aussi sacré que peut l'être le Patriotisme de nos jours. Les pieux confrères, en se liguant contre le duel, témoignèrent d'un aveuglement qui, chez des gens habiles à l'intrigue et, dans l'ensemble, diplomates, est une preuve de cette intensité de conviction et de ce rigorisme dans la sincérité, que les hommes appellent du fanatisme quand ils les gênent et de l'apostolat quand ils les servent. Les dévots devaient être impopulaires. (1).

Par leur acharnement contre les blasphémateurs et les jureurs, ils aggravèrent encore leur cas. (2).

Ils firent mieux, ils se firent positivement détester et se rendirent pleinement odieux. Ce n'était pas assez pour eux de prêcher d'exemple, ce n'était pas assez de se livrer à la propagande persuasive des bonnes œuvres; là où l'éloquence des discours et de la bienfaisance restait impuissante,

---

(1) Voir Rebelliau, lettre du 19 juin 1656.
(2) Cf. plus bas, chapitre V. Sur cette question du duel et du blasphème, voir la *Cabale des Dévots* et Rebelliau : *Revue des Deux Mondes*, 15 octobre 1909.

ils entendirent recourir à la contrainte et livrer les récalcitrants au bras séculier, ni plus ni moins que les Inquisiteurs.

« Pour ce que Dieu est grandement déshonoré au siècle où nous sommes par les athées, déistes, libertins, hérétiques, schismatiques, jureurs et blasphémateurs du nom de Dieu et autres impies, on tâchera par remontrances charitables et bons exemples de les ramener dans le bon chemin et s'ils se rendent incorrigibles, les menacer des magistrats et même les avertir au besoin. » (1)

Ainsi, la Compagnie, selon l'expression de M. Allier, fut amenée à développer l'espionnage sacré dans la mesure même où elle put organiser la charité. Le Français, de tout temps, détesta les « mouchards ». Or, pour les confrères du Saint-Sacrement, une police inquisitoriale était la condition même du succès. Cette police fut confiée à des agents fanatiques « qui aimaient les âmes jusqu'à la férocité, qui, pour les sauver, ne reculaient devant aucun moyen et sanctifiaient par la pureté de leurs intentions ce que les consciences simples nommeraient des vilenies. » (2)

---

(1) Statuts de la Compagnie de Marseille dans R. Allier : La Compagnie de Marseille.

(2) Cf. R. Allier : La Cabale des Dévots, pp. 108-109.

Il est probable que leur zèle à relever les prostituées parut aussi à la grande majorité quelque peu
suspect. On ne leur reprocha guère sans doute, de
peupler les cachots spécialement affectés à ce
genre de détenues, au point que la prison de
Saint-Eloi, par exemple, se trouvât trop petite.
Aujourd'hui encore, une prostituée qu'on enferme
à Saint-Lazare, sans motif autre que la dénoncia-
tion d'un abject agent de mœurs, ne paraît guère
intéressante, même après les grandiloquents plai-
doyers des romantiques. Au xviiᵉ siècle, il est peu
d'honnêtes gens qui eussent été tentés d'élever la
voix contre de tels errements. La prostituée était
chez les juifs l' « Etrangère ». Elle le devient chez
nous, fût-elle française et même bien née.

Nul ne se crut donc obligé de reprocher à la
Compagnie son zèle a châtier les femmes de mauvaise vie. Mais de prétendre les convertir, d'aviser
à gêner leur recrutement en s'intéressant aux filles
de la campagne et aux servantes sans emploi, outre que c'était apporter de fâcheuses restrictions à
des plaisirs toujours appréciés, quoique frappés
de déconsidération, c'était aussi jouer gros jeu et
risquer la bonne réputation des dévots. « Spiritus
quidem promptus est, caro autem infirma » est-il

écrit dans l'Evangile. Il apparaît que plusieurs confrères éprouvèrent la sagesse de cet avertissement un peu trop tard pour éviter la chute. Il n'en fallut pas plus pour compromettre la réputation de tous les autres. (1)

Et enfin, quand les dévots s'avisèrent de vouloir réformer les mœurs jusqu'au sein des familles, de s'y « impatroniser », selon le mot de Molière, ils s'y montrèrent à nu, avec leurs défauts comme avec leurs qualités. Il fut reconnu que ces saintes gens étaient des hommes comme les autres, les uns gourmands et les autres colériques; celui-ci un peu ivrogne et celui-là trop douillet; tel apparut vaniteux, tel autre médisant, quelques-uns licencieux ou sadiques. Les dévots devinrent d'autant plus facilement des hypocrites qu'ils s'étaient rendus détestables par le soin qu'ils prenaient d'espionner les femmes et les filles de la maison, les serviteurs et les servantes, dénonçant la moindre liberté de langage, la moindre indécence dans la tenue, le geste ou l'ajustement, comme un crime attentatoire à la pudeur, salissant enfin de leurs soupçons les plus innocentes et les plus chastes,

(1) Cf plus bas, chapitre IV, la Satire de La Luzerne.

semant la zizanie dans les familles et la discorde dans toute la société.

Antipathique aux particuliers pour toutes les raisons qui viennent d'être exposées, la Compagnie se rendit également suspecte aux pouvoirs constitués, le religieux comme le civil. Elle fit si bien qu'elle se les aliéna.

Pour sa propagande, elle avait besoin d'argent ; elle rechercha les dons et les legs. Mais elle s'était interdit de posséder. On laissa donc à l'activité des confrères le soin de pourvoir aux besoins des œuvres. Chacun s'employa à solliciter ou à provoquer des générosités, chacun s'ingénia à procurer des legs qui toujours étaient enregistrés au nom d'un membre de confiance. On devine les abus auxquels de pareilles pratiques purent donner lieu. A tout le moins, il dut y avoir et il y eut, des excès de zèle : des dévots acquirent la réputation de capteurs d'héritages. (1)

Enfin, malgré le secret jalousement gardé, des indiscrétions furent commises. Et, d'ailleurs, il

(1) Cf. Plus bas l'allusion du libelle de Dufour sur les « testaments suggérés » et la satire de La Luzerne. —.Sur la façon de recevoir les legs. voir R. Allier. la Compagnie de Marseille. p. 34.

4

apparaissait que les dévots étaient secrètement organisés. Les influences dont ils disposaient, leur audace à tout entreprendre, l'expansion donnée à leurs œuvres, prouvaient la puissance de cette organisation.

On sentait son activité occulte s'étendre à tous les domaines de la vie publique comme à ceux de la vie privée.

« Il n'y a pas, dit M. Allier, un corps officiel, pas un personnage important qui n'ait, à côté de lui, quelqu'un chargé de le circonvenir, de le pousser délicatement là où la Compagnie veut qu'il aille, de solliciter de lui l'action qu'elle désire. » (1)

Ainsi, par exemple, en Dauphiné, qu'il s'agisse du gouverneur de la province, qu'il s'agisse du Parlement, de l'Assistance publique, de l'Evêché, de la police, partout les confrères ont des intelligences qui leur permettent d'exercer une influence prépondérante et suscitent, en toutes les affaires, les décisions que souhaite la Compagnie.

On comprend dès lors que celle-ci ait été pour tous la « Cabale ». Les procès-verbaux cités par M. Allier établissent qu'elle l'était aussi pour le

---

(1) R. Allier : La *Cabale des Dévots*, p. 250.

monde religieux. Dans cette même province du
Dauphiné, ce n'est point l'évêque qui dirige le
diocèse de Grenoble, mais la Cabale des Dévots.
Elle ne se contente pas d'admonester les civils et
les prêtres, elle pousse ses indiscrètes ingérences
jusqu'à prétendre diriger le prélat lui-même ; elle
intrigue contre lui jusqu'à sa mort.

J'en ai dit assez, je crois, pour que l'on s'explique
comment, dans les esprits, se forma tout naturelle-
lement le type de Tartuffe : Molière n'eut qu'à le
recueillir et, suivant sa manière habituelle, à l'ani-
mer, à le vivifier de sa verve pour l'apporter à la
scène. Il était sûr d'être compris, il était sûr d'être
applaudi.

Il me reste à montrer, par des témoignages contemporains, que je ne m'aventure pas dans une
hypothèse plus ou moins plausible. Pour connaître
l'état de l'opinion publique touchant la *Cabale des
Dévots*, il n'est que de recueillir la déposition des
témoins.

CHAPITRE TROISIÈME

LA CABALE DEVANT L'OPINION DES CONTEMPORAINS

1º *Quelques jugements privés*

Ce fut une erreur commune — elle n'est pas encore abolie — de présenter le XVIIᵉ siècle comme un siècle parfaitement chrétien, et l'on entend par là que non seulement il ne discuta point le christianisme, mais qu'encore dans l'ensemble il pratiqua la morale chrétienne dans sa pureté et son austérité originelles. Le siècle n'apparaissait pas sous ce jour aux pieux confrères du Saint-Sacrement,

puisque leur Compagnie n'avait été fondée que
pour ranimer la foi des fidèles jugée par eux trop
tiède, pour enrayer les progrès de l'hérésie, pour
réformer les mœurs déplorables du temps.

Mais ce n'est pas le clan des dévots seul, qui se
plaignait de la corruption ambiante, Guy Patin,
pour ne citer qu'un nom, ne cessa de dénoncer les
infamies de ses contemporains. Ce médecin n'était
point un puritain. Pourtant en 1653, il voyait en
Paris « une vraie retraite de larrons, d'impos-
teurs, de coupeurs de bourses, de prêcheurs et de
faux-prophètes. » (1)

En 1660 l'état moral de la capitale ne lui sem-
blait pas amélioré. Il se croyait entouré « de fripons, de voleurs, de faux-monnayeurs ». (2)

C'est lui encore qui, dans le même temps, raconte à un de ses correspondants comment les
vicaires généraux du diocèse de Paris viennent de
révéler au Premier Président Lamoignon que,
depuis un an, plus de six cents femmes se sont
confessées « d'avoir tari et étouffé leur fruit. » (3)

Tout le siècle retentira de semblables doléances

___

(1) Lettre du 23 octobre 1653
(2) 2 juillet 1660.
(3) Lettre du 22 juin 1660.

— 55 —

formulées par les prédicateurs, par les dévots, par les magistrats, par les moralistes, par les honnêtes gens. Or, il est remarquable que, parmi tous les vices du temps, l'un des plus fréquemment dénoncés soit justement l'hypocrisie.

A vrai dire, si l'on en croit certains critiques, il n'était pas question de ce vice dans la littérature contemporaine de Molière, du moins avant que celui-ci eût fait jouer *Tartuffe*. M. Gazier, sans doute, avait négligé de relire les *Maximes*, avant de composer son article si intéressant d'ailleurs sur *Pavillon, Molière et Conti*. (1) Adoptant la thèse bien connue de M. Brunetière, cet universitaire affirme qu'il n'existait pas avant 1664 d'hypocrites à la cour de Louis XIV, parce que l'hypocrisie n'était alors ni nécessaire ni même utile. Il ajoute :

« Ni les Mémoires du temps, ni les romanciers, ni les poètes ne parlent de l'hypocrisie comme d'un vice du siècle. La Rochefoucauld n'en souffle pas mot et pas un prédicateur ne s'en prend à la fausse dévotion. »

Autant d'affirmations qui sont contredites par les faits. J'ai déjà montré qu'aux yeux de La Roche-

_____

(1) *Mélanges de littérature et d'histoire.*

foucauld, la plupart des dévots omettaient de pratiquer l'une des vertus essentielles de la dévotion : l'humilité. Les mortifications mêmes dont se targuait le zèle intempestif de ses originaux lui paraissaient n'être que d'ingénieux moyens de provoquer la louange des hommes. (1) Pour tout dire, La Rochefoucauld regardait tous ces personnages de haute volée, dont « la dévotion le dégoûtait de la dévotion », tout simplement comme d'ambitieux hypocrites.

En ce qui concerne les poètes, le chapitre prochain démontrera qu'à tout le moins certains satiriques de province considéraient l'hypocrisie comme un vice du siècle.

Quant aux gens d'Eglise, si ce ne sont les prédicateurs dans la chaire, ce sont les évêques et les prêtres qui nous apporteront des témoignages irréfutables sur les ravages causés par les agissements des « faux zélés ». D'excellents catholiques représentaient l'indiscrétion de certains des leurs comme un fléau redoutable pour l'intégrité de la foi et pour la sauvegarde de la morale chrétienne. Dans leurs incessantes querelles enfin, les diverses

----

(1) Cléante insiste sur l'orgueil et le faste des faux-dévots, « fanfarons de vertu », *Tartuffe*, A I sc. 5.

sectes catholiques se jetaient constamment à la tête les épithètes de « pharisien » et d' « hypocrite ».

Ne parlons pas ici des libertins déclarés, des athées militants, assez nombreux à la Cour. Leur témoignage serait suspect. Mais les tribunaux eurent souvent à connaître des excès de zèle des Dévots : les appréciations dont ils accompagnent leurs sentences sont dépourvues d'indulgence.

Enfin, à défaut des Mémoires contemporains. la correspondance de Guy Patin nous fournit des témoignages réitérés. Si les extraits déjà cités paraissent prêter à confusion, en voici un qui lève tous les doutes ; il est tiré d'une lettre datée du 6 août 1660.

« Paris, écrit le célèbre médecin, est plein aujourd'hui de faux prophètes. Nous avons des scribes et des pharisiens..., des fripons, des filous même, en matière de religion. On ne vit jamais plus de religion et de moinerie, et jamais si peu de charité... Tous ces gens-là se servent du nom de Dieu pour faire leurs affaires et tromper le monde. La Religion est un grand manteau qui met bien des fourbes à couvert. »

Ne sont-ce pas des Tartuffes que Guy Patin a dénoncés quatre ans avant Molière ?

Mais étudions plus spécialement ce qu'on pensait

alors de la Compagnie du Saint-Sacrement et du zèle des confrères.

Quoique les Compagnies fondées par Ventadour ne doivent pas être confondues avec les « Confréries » des Jésuites, les unes et les autres étaient en étroit rapport. Les premières, d'ordinaire, se recrutaient parmi l'élite des secondes. A Grenoble, par exemple, presque tous les laïcs de la Compagnie du Saint-Sacrement provenaient des Congrégations de la Purification et de l'Assomption dont les membres étaient surtout de Grands Artisans et de Grands Bourgeois.

Les Compagnies et les Congrégations étaient animées du même esprit, en sorte qu'on a pu facilement les confondre. C'est ainsi qu'un historien du XVIIᵉ siècle, Elie Benoit (1), apprécie en ces termes l'action souterraine des Congrégations de Jésuites en tout assimilables aux Compagnies du Saint-Sacrement.

« Il entre dans cette congrégation des gens de toute condition, des gens d'église, des gens d'épée, des gens de robe, des marchands, des bourgeois, des artisans, des gens même de la lie du peuple qui, par la bassesse des emplois qu'ils exercent dans

---

(1) Histoire de l'Edit de Nantes.

le monde, peuvent entrer partout, et remarquer
des choses qu'on cacherait à des personnes plus
relevées, mais qu'on ne déguise point devant ces
petites gens qui ne semblent pas capables d'en
profiter. Les Jésuites savent, par ce moyen, tout
ce qui se passe dans les familles, les désordres qui
les brouillent, les dettes qui les embarrassent, les
affaires qui les incommodent, les inclinations des
pères et des mères.....

« Ils ne manquaient pas de leur offrir ce qui
était le plus propre à les tenter ; et ils le faisaient
ordinairement de si loin, d'une manière si fine,
par des personnes interposées, qu'ils pouvaient
avoir le plaisir d'un bon succès et ne paraître
point intéressés dans la honte d'un refus. »

Je consens que ce témoignage est postérieur au
Tartuffe. Mais il se réfère à des temps que l'on
peut croire antérieurs. Je consens encore qu'il
peut ne pas viser la Compagnie du Saint-Sacrement d'une façon directe. Recueillons donc la
déposition formelle de Guy Patin sur cette dernière.

« Il y avait ici, écrit-il, de certaines gens qui
faisaient des assemblées clandestines. Sous le nom
de Congrégation du Saint-Sacrement, ces Messieurs se mêlaient de diverses affaires et ne faisaient jamais leurs assemblées deux fois en un
même endroit, ils mettaient le nez dans le Gou-

vernement des grandes Maisons, ils avertissaient
les maris de quelques débauches de leurs femmes (1) : un mari s'est fâché de cet avis, s'en est
plaint et les a poussés à bout, après avoir découvert la cabale : ils avaient intelligence avec ceux de
la même confrairie à Rome, se mêlaient de la
politique et avaient dessein de faire mettre l'Inquisition en France et d'y faire recevoir le Concile
de Trente : « *Non est malum in civitate quod non
fecerit deus ; in nomine domini patratur omne
malum* », c'était une machine poussée *spiritu
loyolitico latente.* Plaintes en ont été portées au
Roy qui a défendu de telles assemblées avec de
rigoureuses menaces. La Reine-Mère a dit que ces
gens-là étaient plus à craindre et encore plus
méchants que les Jansénistes. »

Cette lettre est du 28 septembre 1660. Le 25 septembre de la même année la Compagnie de Marseille recevait cet avis à elle adressée par la Compagnie de Paris, le 10 :

« Nous vous donnons avis par plusieurs raisons
et motifs suffisants qui ne se peuvent exprimer
d'être précautionneux plus que jamais en vos

---

(1) Cf. *Tartuffe* A I sc. 5. V. 301 et suivants.

Je vois qu'il reprend tout et qu'à ma femme même
Il prend pour mon honneur, un intérêt extrême
Il m'avertit des gens, qui lui font les yeux doux...

séances du moins jusques à nouveau advis. Changez les jours et les heures. Mettez le registre et papiers en lieu sûr et autre que l'ordinaire, suffit que les officiers le sachent. Ne portez qu'une feuille volante. Retardez de quinzaine, peu de dépêches, surséance de correspondance, mais beaucoup de prières et de persévérance, parce que c'est *tempus visitationis*. (1).

Peut-on nier qu'il y ait corrélation entre ces recommandations et le scandale révélé par Guy Patin ?

Ainsi, en 1660, il y a une question des Dévots ; ces « fripons, ces filous en matière de religion » dont il était question au mois d'août, qui donc sont-ils sinon les confrères du Saint-Sacrement dénoncés au mois de septembre comme des factieux au point de vue politique et comme des gredins dangereux au point de vue social ?

A vrai dire, depuis plusieurs années déjà, la tempête menaçait la Compagnie d'une si évidente façon que le Comité-directeur avait été obligé de prendre des mesures rigoureuses pour réfréner les indiscrétions. (2) C'est que les Confrères, dans leur zèle, s'étaient attiré des affaires.

---

(1) R. Allier, La Compagnie du T. S. S. de l'Autel à Marseille. pp. 43-44.
(2) Cf. R. Allier, la *Cabale des Dévots*. pp. 322-333.

2° *Scandales et Affaires judiciaires*

Tout Bordeaux, en 1658, est préoccupé de certains « Invisibles » qui prétendent moraliser les gens en les faisant « chanter », comme nous dirions aujourd'hui. M. de Pontac, procureur du Roi, porte plainte en la Grand'Chambre, contre une assemblée,

« qui choque l'autorité et les ordonnances royales et qui est composée de personnes privilégiées et non privilégiées. »

Il explique qu'il vise une congrégation illicite qui, par ses agissements

« compromet la paix des ménages et fait enlever des femmes et des filles pour les enfermer dans le couvent de Sainte-Madeleine sans aucune information, ni condamnation précédente. »

Un arrêt du Parlement de Bordeaux, rendu le 12 juillet 1658, confirme pleinement l'accusation portée par Guy Patin à l'encontre des Confrères. D'après cet arrêt, ceux-ci,

« décident de la réputation des hommes et des femmes et envoient dans les maisons de la ville des billets injurieux ou quelqu'un d'entre eux pour troubler le repos des familles : ce qui fait un grand scandale, et qui pourrait causer plusieurs désordres dans les mariages et produire de pernicieuses conséquences. »

La magistrature atteinte dans son autorité s'empressa d'interdire à la Compagnie dénoncée « *par une notoriété publique* », selon l'expression du Procureur général,

« de s'assembler sans permission du Roi et de la Cour, de porter ou envoyer aucun billet injurieux à la réputation des hommes et des femmes à peine de punition corporelle. »

Il était donc de notoriété publique, à Bordeaux, en 1658, qu'une Cabale de Dévots troublait les familles et choquait l'autorité de la justice. Là, aussi, la question de l'hypocrisie était par là même posée.

Voyer d'Argenson raconte lui-même ces faits dans ses *Annales* et il conclut :

« Ce fut là le commencement de la *mauvaise humeur contre les dévots et de la persécution que l'on suscita contre les principales compagnies du royaume.* » (1)

---

(1) *Annales.* p. 178.

Nouvelle confirmation et preuve péremptoire que les dévots sont, six ans avant le premier *Tartuffe*, en butte à la « mauvaise humeur » des autorités judiciaires.

Or, quel nom pense-t-on que l'on donnât dans le public aux gens condamnés pour des agissements comme ceux dont il vient d'être question ! Ne devons-nous pas croire que Guy Patin, lorsqu'il affirmait que la « religion sert de manteau à bien des fourbes, » ne faisait qu'exprimer à l'égard des confrères condamnés, le sentiment de leurs victimes comme celui de leurs juges ?

Tandis que la Magistrature se préoccupait des agissements de la Cabale, plusieurs évêques se demandaient ce que devenait leur propre autorité dans leur diocèse. Quelques-uns avaient été introduits un peu vite dans la Compagnie. Ce qu'ils avaient vu les avait effrayés plutôt que séduits.

« Ils avaient été choqués, avoue d'Argenson, de ce qu'on y savait plus de nouvelles qu'eux-mêmes de ce qui se passait dans leur diocèse pour y faire le bien et empêcher le mal; et *leur mauvaise humeur* les avait portés à dire qu'il ne fallait plus *souffrir de pareilles assemblées* qui ne servaient qu'à censurer tout le monde et particulièrement le clergé. Il se rencontra entre autres un archevêque qui rendit à la Compagnie toutes sortes de mauvais offices au ministère ; et l'on croit que lui et ceux de sa sorte furent la principale cause de sa destruction... Les prélats *animés de haine et de ressentiment contre la Compagnie* pour se venger de son zèle, *la rendirent si suspecte aux puissances temporelles qu'elles résolurent de l'anéantir.* » (1)

D'Argenson parle de *plusieurs évêques ;* il est vraisemblable que cet euphémisme désigne la très grande majorité de l'épiscopat. La Compagnie n'admettait dans son sein que les prélats dont elle se croyait sûre (et quelques-uns de ceux-là la trahirent, comme on le voit.) Mais les autres, ceux qui n'étaient pas jugés dignes de l'affiliation, étaient tenus à l'écart. On s'efforçait de les mener en les entourant de créatures dévouées à la bonne cause, on les frondait au besoin et on leur tendait des embûches, comme ce fut le cas pour le vieil évêque de Grenoble.

Il est probable que tous les prélats non affiliés furent ainsi l'objet d'une hostilité, ouverte ou sourde, de la part des confrères. Or le nombre des évêques affiliés paraît avoir été restreint. D'après M. Rebelliau, sur 127 archevêques et évêques composant l'épiscopat français en 1635, six ans après la fonda-

---

(1) Annales, p. 205.

tion de la Compagnie et alors qu'elle était déjà en plein développement, il y en eut au plus vingt affiliés. On avait eu soin d'ailleurs dans nombre de diocèses d'instituer des Confréries à côté des Compagnies; les premières servaient de paravent aux secondes et l'évêque dont on ne voulait pas dans la Compagnie était tout naturellement le supérieur de la Congrégation ou de la Confrérie. Ainsi avait-on opéré à Périgueux.

Quoi qu'il en soit, il résulte des aveux mêmes de Voyer d'Argenson, qu'une partie de l'épiscopat — probablement la majorité — partageait la « *mauvaise humeur* » des magistrats à l'endroit de la Cabale des Dévots. Pour les évêques donc, la question des faux-prophètes se posait aussi aux environs de 1660; pour eux aussi Tartuffe existait et il exerçait de véritables ravages dans les familles, dans les communautés religieuses, dans toute la société chrétienne. On conçoit que Molière, plus tard, ait pensé pouvoir en appeler au légat du Pape du jugement porté par l'archevêque de Paris tout acquis aux confrères.

Mais revenons au texte de d'Argenson.

On sait le nom du prélat qu'il vise plus particulièrement comme ayant recherché la destruction de la Compagnie. Il s'agit de l'archevêque de Rouen, François de Harlay de Chanvallon. (1)

Lorsque Molière vint en Normandie en 1658, les esprits du clergé rouennais étaient en ébullition. Tous les curés se liguaient contre les Jésuites après la lecture des *Provinciales*. On pense si l'on se faisait faute de dénoncer les agissements de la Compagnie, d'autant plus que celle-ci accusait de jansénisme tout le clergé de la région et vouait tous ces mauvais prêtres aux gémonies.

Un ecclésiastique, particulièrement, garda une rancune tenace à la Compagnie qui l'avait fort tourmenté jadis à propos de sermons qu'il avait prononcés, étant curé de Saint-Maclou, à Rouen, contre les casuistes. Ce prêtre, Pierre Dufour, depuis abbé d'Aulnay, avait procédé à une enquête approfondie sur les gestes de la Cabale des Dévots dans toute la région normande et il avait réuni tous les renseignements qu'il avait recueillis, n'attendant qu'une occasion de les publier. Précisément une série de scandales se produisirent à

(1) Cet Harlay de Chanvallon est celui même qui, devenu archevêque de Paris, condamnera les théories du P. Caffaro, réfutées par Bossuet, touchant la comédie. C'est lui aussi qui refusera la sépulture religieuse à Molière.

Caen, à Argentan, à Séez, qui lui fournirent cette occasion.

Dufour raconte ce scandale dans un libelle intitulé : *Mémoire pour faire connaître l'esprit et la conduite de la Compagnie établie en la ville de Caen et appelée l'Ermitage*.

Le mercredi 4 février 1660, on vit arriver à Caen cinq jeunes gens, tête nue, pourpoint déboutonné, gesticulant, hurlant, criant à tue-tête que tous les curés, sauf deux, étaient « fauteurs de jansénisme et excommuniés ». Comme un cortège de curieux les suivait, les uns riant, les autres commençant à hurler avec eux, on craignit de plus grands désordres et on arrêta les cinq fanatiques.

Conduits devant le juge, les jeunes gens déclarèrent qu'ils avaient agi dans le seul but de rendre service à Dieu et qu'ils étaient prêts à mourir pour la vérité qu'ils avaient publiée. L'on en retint quatre en prison et on renvoya le cinquième à ses parents, le médecin ayant attesté qu'il était « hypocondriaque ». Peu de jours après, les prévenus furent condamnés à quatre livres d'amende et il leur fut fait défense, à eux et à tous autres, de « s'assembler ni de provoquer aucun scandale ». Tous autres, ces mots visaient les confrères de l'Ermitage considérés comme les instigateurs de ces désordres.

Quelques semaines plus tard, nouvelle affaire. Un des jeunes gens de Caen, reconduit chez sa mère, à Silly, y avait recruté des adhérents. Plusieurs prêtres avaient lié parti avec ces illuminés. Ceux-ci avaient fait fabriquer une figure en bosse de la Vierge foulant aux pieds un dragon et l'avaient exposée à la porte de l'Eglise paroissiale avec cette inscription : « *Flagellum Jansenistarum* ». Et l'on se livrait devant cette image à des démonstrations publiques qui étaient chaque jour l'occasion d'un vacarme effroyable. Les autorités civiles tentèrent de faire enlever l'emblème ; le peuple « troublé par les prophéties effrayantes » de ces agités, s'y opposa ; on mit des inscriptions et des images du même genre dans diverses parties de la ville.

Deux jours avant la Pentecôte une foule d'exaltés résolut d'aller manifester à Argentan. Ils partirent de Silly, hommes et femmes, sous la conduite du clergé.

« Les prêtres avaient retroussé sur leur tête le derrière de leur soutane qui était retenue autour de leur cou par des liens de paille. Quelques-unes des femmes avaient la tête nue et les cheveux épars. Parfois sur la route ils ramassaient des immondices d'animaux et s'en souillaient le visage. Les plus zélés mangèrent même de ces ordures, disant qu'il fallait se mortifier le goût. Lorsque le conducteur rencontrait un bourbier bien sale, il commandait à quelques-uns de la troupe de s'y plonger et rouler. Ils tenaient en leurs mains des cailloux qu'ils heurtaient l'un contre l'autre. Ils arrivèrent à Argentan dans cet équipage et se mirent à parcourir les rues, deux à deux, et en criant que la foi périssait, que la foi se perdait, que quiconque voulait se sauver devait partir pour le Canada. Après quelques heures de ces mouvements désordonnés et de ces vociférations, ils retournèrent à Silly comme ils étaient venus. »

Le lendemain ils voulurent recommencer la même scène à Séez. Ils s'y transportèrent en hurlant : « Seigneur, ayez pitié de nous et convertissez les Jansénistes. » Mais des archers les attendaient. Les ecclésiastiques furent appréhendés au corps et les autres renvoyés comme fous ; quelques jours plus tard, le lieutenant-criminel de Caen renouvelait sa sentence contre les fanatiques de l'Ermitage et interdisait, sous des peines sévères, toutes leurs assemblées. (1).

_____

(1) Peut-être comprendra-t-on mieux, en songeant à ces

3° Un Libelle Ecclésiastique

Ce jugement combla d'aise le clergé de Caen qui, soutenu par l'évêque, triomphait. L'occasion était belle pour Dufour : il lança sa brochure. Il y révélait que la Société de l'Ermitage n'était pas autre chose qu'une succursale de la Compagnie du Saint-Sacrement de l'Autel. Il en dévoilait l'organisation, en expliquait le fonctionnement, dénonçait les détestables pratiques de ses adeptes.

Dufour montre les Confrères « persuadés que leur Compagnie est établie pour prendre soin de toutes les bonnes œuvres publiques et particulières qui regardent la pitié et la religion et que Dieu les a suscités principalement pour suppléer aux défauts et négligences des prélats, des pasteurs, des magistrats, des juges et autres supérieurs ecclésiastiques et politiques... »

Aussi croient-ils

« avoir le droit de se mêler de toutes choses, de s'ingérer dans toutes les actions un peu éclatantes de la religion, *de s'ériger en censeurs publics...* .

---

incidents la réflexion de Cléante (parlant des vrais devots) dont M. Brunetière s'indignait si fort :

« Et leur dévotion est humaine et traitable. »

D'entrer et pénétrer dans les secrets des maisons et des familles particulières... »

Il est arrivé quelquefois, dit Dufour, corroborant les affirmations de Guy Patin, *qu'ayant eu de faux avis que des maris maltraitaient leurs femmes ou que des femmes ne se gouvernaient pas très bien, les Confrères se sont ingérés, sur le rapport qui en était fait en leurs assemblées, de chercher les moyens de remédier à ces maux et ils en ont choisi de si impertinents et de si indiscrets que cela a été capable de causer bien du désordre et de la division dans les familles et dans la ville.....*

« Ce n'est pas seulement *dans les familles particulières qu'ils s'introduisent* pour en fureter tous les secrets, pour en connaître les défauts, et *pour en usurper la direction et le gouvernement,* (1) mais encore dans les maisons religieuses..... ·

« Ils entreprennent de mettre des curés et des prêtres dans les paroisses, des supérieurs et des supérieures dans les monastères, des prédicateurs dans les chaires, des précepteurs dans les collèges et dans les écoles, des séminaires dans les diocèses et des directeurs dans ces séminaires ; ils s'ingèrent de vouloir établir de nouveaux-monastères, de réformer les anciens, de faire ériger des confréries, de faire faire des missions, *de suggérer des testaments, de dispenser les aumônes des autres* et de censurer les évêques. »

---

(1) C'est bien le rôle de directeur de conscience qui est usurpé par *Tartuffe*.

Et voici les procédés de ces « faux zélés », d'après Dufour :

« Ils tâchent d'éviter la haine de ceux qu'ils attaquent, en agissant avec tout le secret qui leur est possible ; car après avoir jeté la pierre, ils *cachent le bras, afin que l'on ne voie pas d'où vient le coup.....*

« *Ont-ils un ennemi, ils tâchent de trouver un dénonciateur qui l'accuse sans faire aucunement paraître qu'ils prennent part à cette poursuite.* Que s'ils jugent qu'il n'y a pas moyen de perdre un homme par les formes ordinaires de la procédure, ils tâchent *par le moyen de leurs intrigues de le décrier auprès des puissances, afin de surprendre quelque ordre qui tende ou à l'éloigner, ou à le priver de sa liberté, ou à l'interdire de ses fonctions et le rendre inutile en flétrissant sa réputation de quelque nature d'infamie.* » (2)

Il ne s'agit plus ici de « faux zèle » que l'on pourrait excuser de ses indiscrétions sur sa sincérité ; ces procédés de délation calomniatoire sont des procédés d'hypocrites ; ils n'ont pas d'excuse.

Les Confrères du Saint-Sacrement portent à leurs ennemis une haine sacrée qui les pousse à concevoir les vengeances les plus inattendues, les plus contraires même aux saines doctrines théolo-

---

(2) Cf. Plus bas la satire de La Luzerne.

giques. C'est ainsi qu'ayant épousé la querelle du Père Eudes contre l'Oratoire, ils détestaient à ce point les Oratoriens que :

« Ils mirent une fois en leur délibération en une de leurs assemblées savoir s'il valait mieux obmettre d'assister à la messe, que de l'entendre d'un Père de l'Oratoire ; sur quoi il fut résolu à la pluralité des voix qu'il valait mieux perdre la messe que d'assister à celle de ces Pères. » (1).

En voici un autre exemple : Un prédicateur de l'Ermitage, voulant déconsidérer les prêtres du diocèse qui n'étaient pas favorables à la Compagnie, monte en chaire :

« Il emploie tous ses misérables sermons à déclarer et invectiver contre les gens de bien, qu'il se persuade faussement être des Jansénistes, il les charge de tous les opprobres et de toutes les injures imaginables, et, après les avoir représentés plus noirs et plus hideux que des démons, il donne des marques pour les reconnaître, disant que ce sont ceux d'entre les ecclésiastiques qui paraissent les plus dévots, les plus humbles, les

(1) Cf. Le texte (incomplet) du Mémoire de Dufour dans le livre intitulé *Modèle de Foi et de Patience dans toutes les traverses de la vie et dans les grandes persécutions* (Vie de la Mère Marie des Anges (Suireau), abbesse de Maubuisson et de Port-Royal, 1754.

plus modérés, que ce sont ceux qui donnent le
plus d'aumônes, qui visitent le plus souvent les
Prisons et les Hôpitaux, que ce sont ceux qui portent de petits collets, qui sont modestes en leurs
habits et en leur maintien..... ajoutant qu'on est
obligé de les éviter en conscience comme des
hérétiques déclarés et que tous ceux qui les fré-
quentent sont excommuniés. »

De prétendus *réformateurs* qui se croient investis
d'une mission divine et, par là, placés au-dessus
des autorités religieuses et civiles, des pieds-
plats, comme dit Molière, qui prétendent s'ériger
en *censeurs publics*, des intrigants *qui pénètrent
dans les maisons et dans les familles particulières,
pour en connaître les secrets*, de « faux zélés » *qui
prétendent diriger les consciences, suggérer les testaments et dispenser les aumônes d'autrui*, des impertinents qui se mêlent de *remédier à l'inconduite des
femmes par des moyens indiscrets* capables de semer
la division dans les familles et dans la ville, des
fanatiques irritables qui mêlent le ciel à toutes
leurs querelles, *accusant d'hérésie ou de libertinage
tout ce qui leur résiste* et excommuniant tous ceux
qui refusent de suivre leurs errements, tels sont,
d'après les documents du temps, les membres de la
Cabale des Dévots, en l'année 1660? Ne ressemblent-

ils pas trait pour trait au Tartuffe de Molière et à ces dévots de profession parmi lesquels Don Juan décide de s'enrôler pour être plus sûr de réussir dans ses desseins ?

A supposer qu'il fût vrai, comme le veut M. Brunetière, — et après lui M. Gazier, — qu'il n'y eût pas alors d'hypocrites à la cour de Louis XIV, osera-t-on soutenir que le public ne croyait pas en voir partout, à la ville et en province ?

Car, les lettres de Guy Patin le prouvent, le scandale de l'Ermitage dépassa les frontières de Normandie; il eut sa répercussion dans la capitale. On verra plus loin qu'il suscita une émotion assez vive pour qu'une enquête fût prescrite sur la Compagnie de Paris et qu'à la suite de cette enquête la dispersion de cette dernière fut ordonnée par autorité de justice.

Deslions, dans son *Journal*, relate, à la date de juillet 1660, le scandale de « l'Hermitage » de Caen et il ajoute cette réflexion sévère à l'adresse des Dévots de Paris. « Je soupçonne, ou plutôt je crains, que la dévotion de certaines gens qui se mêlent de missions aux infidèles ne soit encore appuyée sur de semblables principes. »

Le pieux Nicole enfin — qui accepta d'entendre

le *Tartuffe* interdit et n'en fut empêché que par l'expulsion des religieuses de Port-Royal qui eut lieu le jour même de la « récitation », — Nicole écrira plus tard dans l'avertissement de ses *Visionnaires* :

« On a souvent vu en ce siècle que *les dévotions déréglées et établies sur des caprices humains dégénèrent en illusions fanatiques. L'histoire des ermites de Caen a été célèbre dans tout le royaume* et si l'on avait fait la recherche que l'on devait faire de la Compagnie du Saint-Sacrement, on aurait peut-être découvert bien d'autres choses de cette nature. »

Quelle justification du *Tartuffe* je vois dans ces lignes du saint homme de Port-Royal ! Et comment s'étonner que Molière ait entrepris son œuvre ?

Quoi qu'il en soit, l'impression causée en Normandie par le libelle de Dufour, fut intense. Un poète se trouva qui depuis longtemps rêvait d'écrire une satire contre l'hypocrisie, à l'imitation, sans doute de la *Macette* de Régnier qu'il admirait beaucoup et dont il aimait à se proclamer le disciple. Le *Mémoire* de Dufour lui fournissait un thème excellent. Il n'eut garde de n'en point profiter, et voici le poème qu'il composa :

CHAPITRE QUATRIÈME

LA CABALE DEVANT L'OPINION
DES CONTEMPORAINS *(Suite.)*

Une Satire profane

LES PHARISIENS DU TEMPS

OU LE DÉVOT HYPOCRITE

Vae autem vobis, Scribae et Pharisaei
hypocritae, qui clauditis regnum caelorum
ante homines, vos enim non intratis nec
introuentes sinitis intrare etc...

(MATHÆI. cap. 23)

Ainsi se prononçoit et se répète encore
Ce que l'oracle saint, que l'univers adore,
Dit aux Pharisiens condamnant leurs abus.
Lecteur, si mon discours icy te scandalise,
Voy par cet argument quel Autheur m'authorise,
Et lequel de nous deux cela touche le plus.

MOT D'ADVIS

Trouver mauvais qu'on maltraitte le vice, c'est le favoriser; et laisser régner l'hypocrisie, sans dire mot, c'est trahir le parti véritable de la Religion. Il y a deux manières de combattre le mal; l'une à force ouverte et tout de bon, le traittant d'ennemi considérable; l'autre, par le mépris, le tournant en ridicule. Celle-là siet bien aux graves et sérieux docteurs. Celle-cy est propre aux gens de mon humeur qui sont nez pour le badinage et qui ne regardent pas plus l'importancé des défauts des mœurs qu'ils en remarquent le néant et la fadaise. Chacun philosophe à sa mode, et je ne pense pas qu'Héraclite eust meilleure grâce à se fascher de tout, que Démocrite à s'en rire. Tous deux cependant ont passé pour grands personnages, quoi qu'ils ayent traitté la sagesse d'un air si contraire.

Il est des Esprits sur qui un trait de raillerie porte plus de coup que l'atteinte de la plus aspre censure.

Or, pourveu que ceux à qui leur conscience fera l'application de ma Satyre se corrigent par ce moyen, en auray-je autant fait, en me jouant, qu'un grand docteur ou zélé prédicateur en peut prétendre de ses escrits laborieux et véhéments discours ?

Au reste, comme je n'ay en dessein de taxer aucun en particulier, je veux croire aussi qu'il n'y en aura pas d'assez impertinent pour s'en offenser en leur personne. S'il s'en rencontre pourtant quelques uns de ceste sorte, outre qu'ils n'auront pas raison et que je ne m'en soucieray guères, ils feront justement comme le singe qui ne se produit en public que pour monstrer son derrière.

Ridendo dicere verum

Quid vetat ?

Je te suis obligé d'en user de la sorte,
Et puisque de ton cœur tu viens m'ouvrir la porte,
C'est à moy, Philémon, par mes soigneux advis,
De te respondre juste à ce que tu me dis.

Le secret qu'en mon sein ta franchise dépose
Est assez important pour bien peser la chose,
Et l'on ne peut trop bien se consulter d'un fait
Où consiste le tout de son bonheur parfait :
Je veux dire le choix d'une façon de vivre
Que pour profession un homme doive suivre,

6

Et qui, se rapportant à son tempérament,
Luy donne lieu d'agir d'autant plus librement,
Que. sans faire de peine à son propre génie,
Il sera satisfait de son genre de vie.
Pour ne me pas tromper, voyons donc, s'il te plaist,
Si j'ay fort bien d'abord compris ce que c'en est.

Il me faut, me dis-tu, quelqu'employ convenable,
Où tu trouves ton compte, et qui soit honorable.
Le Palais n'en a point qui te puisse toucher
Pour si peu de profit le mestier est trop cher.
De mesme, tu n'es pas d'une humeur assez fière,
Pour courre, avec péril, la fortune guerrière.
L'Eglise, quoy que propre aux avares désirs,
S'accommoderoit mal à tes menus plaisirs,
Tu veux du Sacrement : et pour toy la Soutane
Toute sainte du haut, du bas serait profane.
Voylà ton embarras, grant à la vérité,
Mais qui d'un bon conseil peut estre surmonté.
Veux-tu prendre le mien ?... Sans marc d'or, ny paulette
Bréviaire, célibat, ny querelle, ny brette,
Finement aux dépens du crédule et du sot,
Tu n'as qu'à te pourvoir d'un estat de Dévot. (1)

---

(1) *Don Juan* a également considéré l'hypocrisie comme
une profession. A. V. sc. 2.
« La profession d'hypocrite a de merveilleux avantages »

Je n'entends pas dévot de ces gens sans cabale
Qui, sur leur preud'hommie appuyant leur morale
Suivent tout simplement les loix que Jésus-Christ,
Dans son Saint Evangile à ses enfants prescrit.
Ce monde là n'est bon, en ces temps de finesse
Qu'à fournir d'auditeurs le Prône de la Messe :
Mais de ces Rafinez qui, bien que tenants lieu
D'ouailles seulement en l'Eglise de Dieu,
Sans crainte de troubler la police divine
S'ingèrent toutefois des mœurs, de la doctrine, (1)
Et mesme de régler le devoir des Pasteurs
De qui les sentiments ne s'accordent aux leurs.

On les voit ces cagots, baissant les yeux sous cappe
Faire semblant que tout volontiers leur échappe (2)

---

dit-il dès le début de sa tirade fameuse sur la fausse dévotion.

Cf. *Tartuffe*, A. I. vers 365-366.

Ces gens qui par une âme à l'intérêt soumise
Font de dévotion, métier et marchandise...

(1) *Don Juan :* « Je m'érigerai en censeur des actions d'autrui. »

Cf. *Tartuffe* notamment vers 301 et suiv. vers 391, etc.

(2) Cf. *Don Juan :* « Et quelques baissements de tête, un soupir mortifié, deux roulements d'yeux. rajustent dans le monde tout ce qu'ils peuvent faire. »

Voir *Tartuffe :* A. I. 5 vers 285 et suivants, vers 325, 368. etc.

Et cependant, au gré de leur ambition,
Faire passer sur tout leur inquisition.
Ils forment un parti, d'intérests ils s'unissent,
Par un commun support leur crédit establissent (1)
Et, d'un esprit égal, touchez également
Rapportent tous leurs soins à mesme sentiment
Là, le plus ignorant, par son seul zèle habile.
Opine froidement, ainsi qu'en un Concile :
Fait le rude examen des actions d'aultruy. (2)
Que si lors, par hasard, il est mal avec luy,
Comme si le malheur d'avoir pu luy déplaire
Portoit exclusion d'un chemin salutaire,
Sur le simple soupçon, atteint et convaincu
D'avoir eu des erreurs, ou d'avoir mal vescu,
Il l'attaque, l'outrage, l'anathématise
Comme un membre pourri retranché de l'Eglise.
La Cabale y souscrit, par la seule raison
Que l'Eglise avec elle a tant de liaison

---

(1) *Don Juan* : « On lïe à force de grimaces, une société
étroite avec tous les gens du parti. Qui en choque un, se
les attire tous sur les bras... »
Voir dans *Tartuffe* A. I. Les vrais dévots s'opposent aux
faux en ceci :
   « Point de Cabale en eux, point d'intrigues à suivre. »

(2) Cf. *Tartuffe* A. I. sc. 1
   « On ne peut faire rien qu'on ne fasse des crimes
   « Car il contrôle tout ce critique zélé.
Voir également les vers 201-210.

Que son moindre suppost luy tenant lieu d'Apostre
Estre accusé de l'un c'est pécher contre l'autre. (1)
Comptants com'elle aussi l'infaillibilité
Entre les attributs de leur Société.
Ainsi de ville en ville unis par de fortes ligues.
Ils remplissent bien tost tout un pays d'intrigues :
Par tout mettent le nez : s'intéressent à tout,
Et de tout leur audace ignoramment résoud :
Sans espargner les chefs de telle compagnie
Qui, sous nom différent, menants pareille vie.
Reprochent tour à tour à ces accusateurs
Cent sortes de défauts aussi grands que les leurs,
Leur rendent mal pour mal, leur vaine estime pillent,
Et, comme chiens mastins, l'un l'autre se gouspillent.

Qu'un homme a de plaisir, qui, sans prendre de part
A tous les démêlés de ce monde cafart,
Les voict s'estocader de plumes et de langues
En leurs discours privez, en publiques harangues,
Chaque camp contre camp, fièrement révolté,
Dégorger à l'envie leur venin empesté :

(1) *Tartuffe* A. I. sc. 5
« Ces gens...
Sont prompts vindicatifs, sans foi. pleins d'artifices »
Cf. également *Don Juan* :
« Je verrai sans me remuer prendre mes intérêts à toute
la Cabale et je serai défendu par elle envers et contre
tous..... je me ferai le vengeur des intérêts du ciel..... et je
poursuivrai mes ennemis..... »

De reproches cuisants, comme d'autant de flèches,
Se faire à leur honneur d'irréparables brèches :
L'un l'autre s'accabler, et de ces vains débris
Eriger un trophée à leurs faibles esprits.
Telles je pense voir des trouppes Allemandes,
Crauates ou Lorraines, les mercenaires bandes :
Bien que de mesme armée ou sous mesme estandard
En leur particulier elles font corps à part ;
N'ont que leur intérest, et d'exploits militaires
Ne se meslent qu'autant que s'y font leurs affaires ;
Gastent tout : pillent tout d'une égale fureur,
Et traittent d'ennemi tout ce qui n'est pas leur :
De mesme, ces guerriers de chaire et d'escritoire,
Piquez de jalousie et d'une vaine gloire,
Quoyque sous le drappeau d'un commun général,
Ils disent ne vouloir combattre que le mal ;
Estoufant toutefois la vertu la plus belle
Que Jésus-Christ enseigne à son peuple fidelle,
J'entends la charité qui se doit au prochain, (1)

---

(1) Cf. La lettre de Guy Patin citée au chapitre précédent. — La Rochefoucauld reprochait aux dévots de manquer d'humilité ; on démontre d'ailleurs qu'ils manquent de charité chrétienne. Que reste-t-il de leur dévotion ? Molière pouvait-il ne pas les qualifier d'hypocrites ?

Cf. *Tartuffe* : les vrais dévots s'opposent aux hypocrites en ce que :
Jamais contre un pécheur ils n'ont d'acharnement
Ils attachent leur haine au péché seulement. A. I. 5.

Ne tendent qu'à régner, les armes à la main.
Et pour réduire tout dedans leur dépendance
Ne pardonnent à rien qui fasse résistance
Après donc s'estre acquis l'injuste authorité
De disposer de tout selon leur volonté
Comme ceste Sect est de nature androgyne,
Monstre dans la police et masle et féminine,
Elle s'ingère aussi de régler le devoir
Qu'il faut aux mariez donner et recevoir :
En sorte que plusieurs n'en recoivent ny donnent
Que comme ces Béats en secret leur ordonnent (1)

---

(1) Molière même, ni Guy Patin, n'ont osé pousser aussi loin leur tableau. Ils se contentent de montrer les dévots se constituant les cerbères de la fidélité des épouses.

Mais une pièce curieuse publiée à Lyon en 1656, fait exactement le même reproche aux sectateurs d'une « nouvelle dévotion cabalistique ». Il ne s'agit pas, comme on pourrait le croire, d'une société de dévots adonnés aux sciences hermétiques, mais d'une *cabale* des dévots, d'une *confraternité* munie d'un *Directeur général*. Cette secte, ce parti admet les laïques à la prédication publique, s'intéresse aux Missions du Levant, recommande l'oraison mentale avec la communion fréquente et méprise les dévotions communes ; elle recherche les dons et les legs, affecte l'austérité et fait bonne chère en secret : il s'agit en un mot de la Compagnie du Saint-Sacrement de Lyon. Quand j'ai eu connaissance de ce pamphlet, mon livre était à l'impression et tout ce que je puis faire est d'y insérer cette note. Mon intention est de reproduire la pièce en question dans un ouvrage ultérieur. On remarquera la date 1656 : Molière séjourna à Lyon cette année-là.

Ordre non seulement sévère aux séculiers,
Mais d'authorité mesme aux troupeaux réguliers :
Du sexe les respects de zèle s'y confondent,
Plusieurs Couvents à barbe aux Dévotes respondent.
D'autres à menton ras escoutent les Dévots ;
Et tous également s'y trouvent pris pour sots.

Les fait-il pas beau voir ces Dames directrices
Aux bons Religieux rendre mille services ;
Par questes auprès d'eux d'abord s'insinuer :
Des ornements d'autel après s'immiscuer :
Et puis, ayant gaigné jusqu'à la Sacristie,
S'informer du dedans comme tout s'y manie ?
Quelle est la portion de la Communauté ?
Si tous également usent d'authorité ?
Si les Supérieurs y font ce qu'ils commandent :
Et si de moins pieux non plus ne s'en défendent ?
Alors si par malheur la discorde y prend pié
Et chasse de leur cœur la paix et l'amitié,
C'est là qu'avesque feu ces Dames font merveilles
D'inspirer leurs conseils aux crédules oreilles.
Elles prennent party, s'y fourrent bien avant,
Et partant hautement Convent contre Convent,
Autant que dans le monde elles ont de puissance,
Elles la font agir pour leur juste défence :
Et, lors qu'à ces deseins il faut lettres, arrests
Du Prince ou du Conseil, ces secours leur sont prests.
Ou bien, s'il est besoin d'y venir à main forte,

Bons archers ou soldats leur presteront escorte.
O ! que de telles gens souvent le zèle faux
Dans la Religion a fait naistre de maux !
Avec pareil succès les enjolleurs de grilles
Subornent aisément la foy des simples filles :
De soupçons scrupuleux remplissent leurs esprits
Et s'en font un jouet après qu'ils les ont pris. (1)
La haine, les desdains, le schisme et la révolte
Y préparent au Diable une riche récolte.
De maint péché soustrait de leurs confessions
Et de maint sacrilège en leurs communions.
Si bien qu'en cet estat souvent les Prélats mesmes
N'y font pas grand effet avec leurs anathèmes. (2)

Voilà, cher Philémon, à peu près le tableau
De ces masques qu'en gros ébauche mon pinceau :
Mais pour te faire voir, par ces traits d'invectives,
De quelles libertez, droits et prérogatives
Le saint déguisement enrichit cet employ
Reçoy les aussi bien comme de bonne foy,
L'autheur, le moins de tous flatteur et réprochable,
T'en fera brèvement le récit véritable.

------

(1) Ainsi Tartuffe agit avec le crédule Orgon et avec
Madame Pernelle : il remplit leurs esprits de soupçons
scrupuleux afin de s'en faire un jouet.

(2) Toute cette première partie est visiblement inspirée
du libelle de Dufour.

Premièrement quiconque a mérité l'honneur
D'estre une fois receu dans ce parti pipeur
Sous prétexte d'avoir réformé sa cuisine
Pour se mortifier peut user de lésine ;
Et par là règagner sur autant moins de plats
Ce qu'il a trop mangé quand il n'en estoit pas.

Item l'homme dévot s'estant acquis l'estime,
S'il lui plaît usurer il le pourra sans crîme ;
Prendre vingt-cinq pour cent et d'une somme en prest
Sans constitution, en tirer intérest ;
Ou, si l'heureux hasard peut-être se présente
D'adjouster à son fond un bon contrat de rente,
Profitant du besoin que le vendeur en a
De nippes, en partie, il le composera (1)

De mesme, rencontrant une âme timorée
Qu'il sente riche et propre à se trouver leurrée
Il la mettra bien tost en l'estat sans souci
D'attendre tout du Ciel, n'ayant plus rien icy.
Tant il est mal aisé, luy dit-il à toute heure,
Qu'un riche en seureté de conscience demeure,
Son zèle est tel pourtant en cela pour aultruy

---

(1) Voilà un trait qui rappelle l'Avare. Il manque à Tartuffe.

Qu'il est près de se faire anathème pour luy. (1)
　De plus qu'un confident l'ait fait dépositaire
De nombre de deniers attendant quelque affaire
Et que l'occasion d'en faire le remploy
Luy persuade alors que d'aussi bonne foy
Et non moins promptement il les luy voudra rendre
Comme de bonne grâce il avait sceu les prendre,
Je luy baise les mains. Il aura beau prier
De cent délays subtils il le pourra payer
D'absence de logis, de défaite diverse ;
Jetant quelqu'accident exprez à la traverse
Pour empescher l'effet de ce qu'il aura dit
Et cependant toujours en faire son profit.
Ou mesme, si d'argent, pour cause pitoyable,
Un administrateur avoit couvert sa table,
Tout l'hospital deust-il en enrager de faim,
Il le fera plus tost qu'il sorte de sa main,
Le lucre sent fort bon, disait cet honneste homme
Qui prist jadis tribut sur le pissat de Rome,
Ainsi, de quelqu'endroit et pour quelque sujet

---

(1) Même thème dans le Tartuffe. Cette âme timorée
n'est-elle pas Orgon ? Et n'est-ce pas Tartuffe qui, ici, se
forme une conscience pour justifier ses vols ?
　Les leçons de Tartuffe apprennent à Orgon à regarder
tout le monde comme du fumier. Lorsque Orgon lui faisait
des dons, l'hypocrite les trouvait toujours excessifs et en
distribuait une partie aux pauvres ; quand Orgon lui
donne tous ses biens Tartuffe ne trouve que cette réponse :
« La volonté du Ciel soit faite en toute chose. » (III. Sc. 7.)

Qu'il touche cet argent, l'usage en sera net.
Pour peu qu'il le retienne autant qu'il est habile
Il en sçaura fort bien faire un mesnage utile. (1)

De vray les pauvres sont membres de Jésus-Chrît
Mais le Dévot aussi, temple du Saint-Esprit,
Qui, par (la) charité, se faict de sa poitrine
L'auguste reposoir de sa grandeur divine (2)
Aprez un tel bonheur peut-on de cet endroit
Attendre jamais rien que de bon et de droit ?
Et l'estimera-t-on capable d'une faute,
Ayant dedans le sein son Dieu mesme pour hoste ?
Quoy qu'il désire ou fasse, il n'aura jamais tort
Et son crédit au Ciel le rendra bien plus fort.
Il n'a qu'à sçavoir bien diriger sa pensée ;
Sa conscience après ne peut être offensée
Le bien qu'il a d'autruy l'accommode à bon droit :
Il en usera mieux que l'autre ne feroit (3)

---

(1) La rapacité des dévots, si accusée dans le *Tartuffe*,
est donc aussi nettement évoquée chez La Luzerne, mais
elle prend chez celui-ci une forme toute différente.

(2) Allusion claire à la dévotion pour le Saint-Sacrement et à la Communion fréquente dont les confrères
étaient les grands propagandistes. La Communion fréquente paraissait alors une sorte de profanation à beaucoup
de prêtres et de pieux laïcs.

(3) Cf. *Tartuffe*.
Tous les biens de ce monde ont pour moi peu d'appas
De leur éclat trompeur je ne m'éblouis pas :
Et si je me résous à recevoir d'un père

Pareillement, s'il manque au paiement de ses dètes
Ses œuvres pour cela n'en sont pas moins parfaites
Il suffit qu'il le scache, et que, le scachant bien,
Il n'ait l'intention de luy desrober rien
De restitution il n'est tenu d'en faire
Que du bien, s'il en a plus que le nécessaire :
Ce qui se doit entendre : autant qu'il se pourra.
Et ce pourra de mesme autant qu'il le voudra.
Ainsi, sur le besoin mesurant sa justice
Il est homme de bien au gré de son caprice. (1)

Mais, s'y deust-il tromper, son mérite est si haut
Que cent autres vertus réparent ce défaut.
Est-il d'humilité plus sincère et profonde !

Cette donation qu'il a voulu me faire
Ce n'est à dire vrai que parce que je crains
Que tout ce bien ne tombe en de méchantes mains
(A. IV Sc. 1.)

(1) Les arguments de Tartuffe se justifiant de courtiser Elmire sont dans toutes les mémoires : C'est à peu près le même langage :

Selon divers besoins il est une science
D'étendre les liens de notre conscience ;
Et de rectifier le mal de l'action
Avec la pureté de notre intention.

Les deux auteurs ont bien les mêmes modèles devant les yeux : ce sont, en des situations toutes différentes, les mêmes pieux sophismes.

On les void, ces Messieurs en présence du monde
A tout'heure porter la chaise et le grabat
Où contre les douleurs un malade combat.
A pied, de l'hospital prendre la grande rue
Sans vouloir toutefois se rencontrer en vue,
Que pour édifier, par leur sainte ferveur,
Et porter les passants à bénir le Sauveur (1)
Leur laissant volontiers pour part de cet ouvrage
Les autres actions où la bourse s'engage ;
Contents de leur donner par ce transport de corps,
L'avis de soulager les maux de leurs thrésors.
Heureuse charité ! Dévotion propice !
Mais beaucoup plus encore aux malades du vice :
Vous le sçavez, piliers de confessionnaux,
Prestres, vous le sçavez le fruit de leurs travaux :
Et vous-mesmes aussi, belles Magdelonnetes
Chez qui, par leur moyen, se font tant de retraites !
Vous nous le diriez bien, par quels ressorts divers
Ces bénis happechairs vous ont mises aux fers. (2)

---

(1) On sait que la Compagnie du Saint-Sacrement s'intéressait beaucoup aux hôpitaux et aux prisonniers. La Luzerne fait allusion aux hôpitaux. Molière aux prisonniers. *Tartuffe* III 2

(2) On n'a pas oublié les scandaleux emprisonnements chez les Magdelonnettes reprochés aux confrères de Bordeaux.

Qui les fait s'acharner si fort contre des filles
Si ce n'est l'intérest de leurs propres familles
Ou le dépit jaloux des Dévotes sans dents
Pour n'avoir plus de part aux mesmes passetemps
Et qui faute d'employ, faisant les preudes femmes.
Des cendres de l'honneur couvrent leurs vieilles flammes! (1)
En ce malheur pourtant du sexe sensuel
Toutes n'éprouvent pas un destin si cruel.
Si quelqu'une n'est point tout à fait esclandrée
Et qu'elle sçache un peu faire bien la sucrée,
Avecques la faveur d'un frère du parti (2)
Qui de vieux débauché fera le converti,
Eust-elle été cent fois et poussée et blousée,
On ne laissera pas d'en faire l'espousée
De quelqu'adolescent, surpris au trébuchet
Sur le rapport trompeur que la preude en a fait.
Sauf à lui, par aprez qu'il sçaura cette escorne,
A ruminer sa honte, en animal à corne.
Elle n'a que bien fait dans le juste dessein
De recouvrer l'honneur d'une honneste Putain ;
D'autre part, le Dévot d'autre manière en use,
Avec l'authorité faisant agir la ruse,

---

(1) Cf. Le couplet de Dorine sur « dame Orante » :
Tartuffe I Sc. 1. vers 121 à 140.

(2) Ce frère du parti assez aveugle pour marier son fils
à une fille déshonorée. fait la contre-partie d'Orgon desti-
nant sa charmante fille à l'odieux Tartuffe.

Il va, quand il lui plaist, dans les infames lieux,
Et sans en redouter l'accez contagieux,
Afin de retrancher aux filles de délices
Les moyens de pouvoir continuer leurs vices,
Il lève la toilette, et volle maintenant
Ce qu'il void de meilleur en leur ameublement ;
Sans que cela pourtant s'appelle vollerie
Parce qu'il a dessein d'en faire une œuvre pie ;
Mais comme l'imprudent qui cherche le péril
Dans le péril souvent trouve un malheur subtil,
Il arrive parfois qu'alléché par l'amorce
Contre un si doux poison il a trop peu de force,
Et que pour nous monstrer notre imbécilité,
Il se perd à l'écueil de l'impudicité.
Mais un bon peccavi qui de prez suit l'offence
De ce péché bien tost purge sa conscience (1)
C'est aux plus gens de bien que, par divers appas
Le Diable, qui les hait, prépare plus de lacs.
Et c'est pareillement dessus le Putanisme
Qu'avec plus de succès agit le Dévotisme.

Par mesme privilège et sans contrevenir
Au devoir du Dévot il pourra retenir

---

(2) Qu'on se rappelle Tartuffe dénoncé par Cléante ;
Oui mon frère. je suis un méchant, un coupable, etc.
                                            A. III. Sc. 6

De ses premiers défauts tournez en habitude, (1)
Le scandale dehors, (2) ce qu'ils ont de moins rude ;
Se conserver toujours quelque péché mignon,
Et non moins que bigot estre bon compagnon.
Ainsi, l'homme bouillant, dont la bile s'allume
Et par mille serments vuide son amertume,
Prévenu bien souvent des premiers mouvements,
Peut encores tout bas jurer entre ses dents
Et pour évaporer le feu de sa colère
Par les termes moins durs que le dépit suggère,
Convertissant en B. le D du nom de Dieu,
Lascher encore parfois une bonne Mort-Bieu. (3)
De mesme celuy-là dont la bouche friande

---

(1) *Tartuffe* A. I, Sc. 5 :

Ils savent ajuster leur zèle avec leurs vices.

et A. III. sc. 3 :

Ah ! pour être dévot on n'en est pas moins homme.

Cf. Don Juan : Je ne quitterai point mes douces habitudes, mais j'aurai soin etc...

(2) *Tartuffe* A. III. sc. 3 :

Et c'est en nous qu'on trouve acceptant notre cœur
De l'amour sans scandale et du plaisir sans peur.
A. IV. sc. V. :

Le scandale du monde est ce qui fait l'offense

(3) Allusion à la campagne des Dévots contre le blasphème. Si Tartuffe ne jure pas comme le Pharisien de
La Luzerne, il est du moins fort colère.

Se flattait à plaisir d'une exquise viande
Et faisait du bon vin son idole autrefois
A droit, quand il le veut, d'en prendre encore deux doigts(1)
Et pourveu que ce soit avec gens de sa troupe,
Jouer du Saupiquet et faire assaut de Crouppe.
La Grâce de nos sens tous les droits ne destruit ;
Dans leur réforme ainsi leur premier goût les suit (2)
S'ils aimaient du procès la pratique profane
Ils n'en sçauront pas moins se servir de chicane,
Par argent ou surprise excroquer les arrests,
Consumer leur parti en des immenses frais,
Et du crédit des Loix authorisant le vice,
La ruiner en fin par formes de justice.
Car des autres défauts, si chacun a le sien,
Ce dernier est commun à tous ces gens de bien ;
Et semble qu'à l'égal de ce que ceste race
Se dit plus fortement aspirer à la Grâce
Elle se plaist au chic ; et plaide d'autant plus

---

(1) Est-il besoin de rappeler la scène du « Pauvre
Homme ? » ?

(2) Tartuffe fait la même remarque en d'autres termes.
A. III. sc. 3. Dans cette scène il expose avoir craint que
son amour ne fût un obstacle à son salut. J'ai connu ajoute-
t-il,

Que cette passion peut n'être pas coupable
Que je puis l'ajuster avecque la pudeur.

vers 945 à 952.

Que son extérieur contrefait de vertus. (1)
Qu'il leur arrive aussi d'avoir peut-être affaire
Avec quelqu'un suspect de sentiment contraire :
A-t-il raison ou non, ce sera mériter
De le pouvoir par là combattre et surmonter
Et tout ce qu'il perdra sera de bonne prise
Sur l'ennemi juré de leur dévote Eglise.
Sans grâce ni quartier s'ils en ont le dessus,
Lasches au dernier point, quand ils n'en peuvent plus.
Cependant ce ne sont qu'actions méritoires
Elévations d'âmes et vœux jaculatoires, (2)
Adorants en esprit, de la mesme façon
Qu'aux parfaits le Sauveur en donna la leçon,
Ils quittent, pour ce fait, aux âmes plus grossières
L'usage accoustumé des communes prières,
Comme sur tout au monde ils sçavent rafiner
A leur propre conseil voulant s'abandonner,
Par route de traverse aux astres ils s'élèvent.
Par là de l'hiérarchie abandonnant le train
De l'esprit d'union ils s'écartent soudain,
Font autel contre autel, dans leurs transports extrêmes

---

(1) On sait la promptitude de Tartuffe à faire appel à
M. Loyal et à la justice pour s'assurer la jouissance du
legs d'Orgon.

(2) Cf. *Tartuffe* 1-5 Vers 281-290 et notamment le vers :
« Il faisait des soupirs de grands élancements »

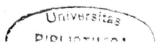

N'approuvent rien d'autruy, présument tout d'eux-mêmes
Et, comme si la mode avait aussi bien lieu
Qu'en tout autre sujet au service de Dieu,
Traittent le Rituel de vieille fripperie,
Et laissent par son choix aux moins illuminez
Le culte des vieux Saints à leurs goûts surannez
Tout nouveaux en conduite, en prières, en zèle,
Ils ne font qu'aux Béats d'impression nouvelle.

Tu vois, mon Philémon l'historique discours
Que je t'avais promis du Dévot de nos jours.
C'est ce Pharisien qu'en la Saincte Escriture
A tous coups l'Homme-Dieu si rudement censure.
Ce sont ces Réformez, spirituels filous (1)
Qui veulent s'ériger en Apostres chez nous,
Sans droit, capacité, titre, ni charactère,
Que de gens qui font tout, hors ce qu'ils doivent faire,
D'une feinte vertu sectateurs orgueilleux,
Linx clairvoyants pour nous, taulpes sans yeux pour eulx
Car pour ces pauvres fous qui, les épaules nues,
En pèlerin de grève à pié courent les rues,
Leur cervelle me semble un peu trop de guingois
Pour les oser placer au rang de ces narquois,
Sinon qu'ils vueuillent bien en ce bel équipage
Passer pour Harlequins du dévôt bastelage.

_____

(1) Ce sont presque les expressions de Guy Patin.
Cléante appelle les Tartuffes de « francs charlatans ».

Les derniers vers de cette satire, dont l'intérêt
saute aux yeux, si on peut établir qu'elle est
antérieure au *Tartuffe*, constituent une allusion
parfaitement claire aux scandales de Caen relatés
dans le *Mémoire* de Dufour. Ils datent la pièce, par
conséquent : Les *Pharisiens du Temps* ont été
composés sous le coup de l'indignation provoquée
par l'affaire de l'Ermitage. La satire a vu le jour,
sans doute, peu de temps après que la justice eût
rendu sa sentence contre les fauteurs de ces désordres.

Garaby de la Luzerne semble avoir débuté dans
la littérature vers 1641. A cette date, il publiait un
livre intitulé : « *Sentiments chrétiens politiques et
moraux.* » Ses premiers *Essais poétiques* datent de
1642. Ce volume de vers renferme trois ébauches
de satires intitulées *la Misère de l'Homme, le Gueux
rafraîchi, les Censeurs ignorants.*

On possède du même auteur six satires dont le
manuscrit existe à la Bibliothèque Nationale et
qui furent éditées par M. de Beaurepaire (1), en
un petit volume qui n'est pas complètement

---

(1) Garaby de La Luzerne. *Satires inédites* publiées par
Eugène de Beaurepaire. Rouen, 1888.

ignoré. Il a été exploité notamment par M. P. de Vaissière, pour son ouvrage sur les *Gentilshommes campagnards de l'Ancienne France*. Mais il paraît avoir été totalement inconnu des divers critiques qui se sont occupés du S. Sacrement. C'est pourquoi j'ai cru utile de reproduire ici le texte intégral *des Pharisiens du Temps*. (1)

Garaby n'avait pas réuni ses *Satires* en volume, mais chacune d'elles avait couru sous le manteau, comme beaucoup de libelles de cette époque. Les allusions aux manifestations de Caen qui terminent la nôtre, ainsi que les ressemblances frappantes que présente la première partie avec le factum de Dufour, permettent, ainsi que je l'ai fait observer, d'en fixer la composition, approximativement, vers 1661 ou 1662. Une lettre de l'auteur confirme cette conjecture. Voici ce qu'écrivait Garaby de La Luzerne à M. de Sainte-Clair, le 10 février 1670, peu de temps après la publication de la comédie de *Tartuffe* :

---

(1) Voici les titres des six satires qui composent le volume édité par M. de Beaurepaire : *L'Infirmité de l'Homme* ; *Les Censeurs ignorants, c'est l'Autheur* ; *Le noble Campagnard* ; *Le Citadin* ; *Les Pharisiens du Temps* ou *Le Dévot hypocrite* ; *Le Partisan* ou *Le Gueux rafraîchi*.

« Si je demeure, Monsieur, dans l'impuissance de m'acquitter, encore faut-il que vostre bienfait vous vaille quelque chose et que je vous fasse du moins quelque présent. Ce sera, si vous l'avez agréable, de mon *Tartuf* (sic) aisné de celui de Molière de sept à huit ans. Vous en ferez la justification par la lumière que vous avez de ces sortes de gens dont la conduite m'a fourni de pensées, car je puis vous asseurer que j'ay travaillé après le naturel sans sortir de Caen. » (1)

« Sept à huit ans avant le *Tartuffe* », cela nous ramène bien aux environs de 1661 ou 1662, puisque La Luzerne n'a pu connaître la comédie de Molière qu'après la représentation de 1669. Il appert au surplus, qu'il songeait à traiter ce sujet depuis fort longtemps. Car voici ce qu'il écrivait à un autre correspondant en 1651 :

« J'ay en pensée, il y a longtemps, de laisser au public un portrait au naturel des vices du siècle où nous sommes. Parcourant l'épreuvette en main, chacune des principales professions des hommes, j'ay déjà donné le foué au *Partisan*, à *l'Autheur*, au *Noble de Campagne*, au *Citadin*. Je m'appreste à dire un mot du *Chicanoux*, actif et passif, c'est-à-dire à parler de la morgue du sourcilleux magis-

---

(1) Cf. E. de Beaurepaire, op. cit.

trat et de la bassesse du misérable solliciteur, sans
oublier ensuite le *Prince Malaisé*, *l'Hypocrite* et le
reste, où je comprendrais bien volontiers nos seigneurs les ecclésiastiques et nos vénérables frères
porte-cuculle et traisne-corde. Mais ils m'envoye-
raient à tous les diables, eux qui ont le pouvoir de
damner les gens ou du moins me laisseraient en
purgatoire dix ans après le terme. C'est pourquoi
il vaut mieux n'en rien faire. »

Evidemment cette lettre nous montre dans le
sieur de La Luzerne un esprit « entiché de libertinage », pour parler comme Orgon. Mais elle prouve
aussi deux choses : la première, que le satirique
considérait, bien avant 1651, l'hypocrisie comme
un vice caractéristique du siècle ; la seconde, que,
trouvant l'entreprise hasardeuse, il renonçait alors
à « donner le foué aux hypocrites ». Ce sont les
scandales de Caen qui lui fournirent l'occasion de
revenir sur son projet.

Cette occasion qui fut belle à l'ecclésiastique
Dufour et au libertin La Luzerne, n'était pas
moins favorable à Molière. Il la saisit comme eux.
Car, outre qu'à choisir un pareil sujet, il était sûr
de tenir une pièce d'actualité et de se présenter
devant une salle prévenue en sa faveur par l'opinion publique, beaucoup de raisons l'incitaient à
rompre la lance avec les dévots.

CHAPITRE CINQUIÈME

LES GRIEFS DE MOLIÈRE

1º La Cabale contre les « farceurs ».

Si nous en croyons les *Anecdotes Littéraires* (1)
« Molière disait que le mépris était une pilule
qu'on pouvait bien avaler, mais qu'on ne pouvait
guère la mâcher sans faire la grimace. »

Ce propos n'est peut-être pas historique, mais
il est vraisemblable. Car si Molière, au cours de sa
carrière, dut avaler beaucoup de pilules, il ne put
mâcher, sans faire la grimace, celles que les dévots
le contraignirent d'absorber.

---

(1) Ce recueil d'anecdotes a été publié en 1752.

La Cabale n'aimait pas le théâtre. On sait le chagrin qu'éprouva tout Port-Royal lorsque Racine se fit tragédien. Que durent penser les « bigots » quand ils virent le jeune Poquelin dédaigneux de la boutique paternelle, faisant fi du titre et de la charge de tapissier valet de chambre de Sa Majesté, s'acoquiner à une actrice, s'enrôler dans une troupe de théâtre, monter enfin sur les tréteaux et y faire figure de farceur ? Ce fut certainement un gros scandale.

Or, les Béjart, avec le jeune transfuge, commirent dès l'abord une bévue considérable. Ne s'avisèrent-ils pas d'aller installer leur théâtre au jeu de Paume des Métayers, sur le territoire de Saint-Sulpice ?

C'était en l'an 1644. Le pieux abbé Olier, alors âgé de trente-six ans, dans toute la verdeur de sa fougue, dépensait un zèle redoutable en vue d'épurer les mœurs de ses ouailles. Il eût voulu qu'on ne tolérât sur sa paroisse ni une gourgandine, ni un bateleur, ni un huguenot, ni, bien entendu, une troupe de comédiens. Il faisait à ceux-ci une chasse active, diligemment servi, dans son œuvre de moralisation, par la police de la Compagnie du Saint-Sacrement, dont il était un des chefs.

L'*Illustre Théâtre*, comme les autres salles de spectacle, fut aussitôt mis à l'index, en attendant que l'on pût, si possible, expulser les acteurs. En dépit de programmes alléchants, malgré la beauté séduisante de Madeleine Béjart, nonobstant le talent estimable des artistes, le jeu de Paume des Métayers se vit déserté « des grands comme des petits ». Vainement l'on chercha fortune ailleurs : il était trop tard, et peut-être y fut-on poursuivi par Olier et ses terribles limiers. Les dettes étaient criardes; il fallut que Molière goutât de la Bastille et finalement se résolût à battre l'estrade en province pour tenter la fortune.

La troupe ne devait pas ignorer cette cause primordiale et sans doute décisive de son insuccès.

En tout cas l'hostilité de M. Olier est avérée : le biographe du curé de Saint-Sulpice est convaincu que, si Molière ne rentra à Paris qu'en 1658, c'est qu'il attendit en province la mort de son persécuteur, laquelle survint en 1657. (1)

Durant les douze années que le comédien séjourna dans les provinces, et particulièrement dans le Midi, en des régions où les « Réformez », les

_____

(1) Cf. Faillon, *Vie de M. Olier*. II pp. 374-375.

« Rafinez », dont parle La Luzerne avaient fondé des compagnies nombreuses et prospères, partant très actives et très fanatiques, il dut « avaler » nombre de « pilules ».

Le temps du séjour de Molière en province est, en effet, celui de la plus grande prospérité de la Cabale. Au moment où la troupe quitte Paris, la Compagnie du Saint-Sacrement compte 24 succursales provinciales dont une dizaine ont été fondées entre 1643 et 1645, savoir, celles de Dijon en 1643, celles de Grenoble, La Rochelle, Le Puy et Metz, en 1644, celles de Senlis, Laval, Bordeaux, Périgueux, en 1645. La Compagnie de Rouen devait être aussi de fondation récente alors. Parmi les filiales plus anciennes on note celles de Lyon (1631), Aix (1638), Marseille, Cahors et Tulle (1639), Arles (1640), Toulouse (1641), Poitiers (1642).

Lorsque le comédien repartira pour Paris ce chiffre de 24 filiales aura plus que doublé : il en existe 51 en 1658. Parmi les nouvelles fondations, on remarque celles de Limoges, Clermont, Nantes, Angoulême, Avignon, Bazas, Agen, Orange et Vienne. Molière a donc, partout où il a passé, pu voir les confrères à l'œuvre ; partout il s'est trouvé probablement en butte à leur hostilité plus ou moins déclarée ; partout il a pu se documenter sur eux.

Leur zèle était particulièrement redoutable vers la fin de l'odyssée du poète. Une brochure publiée en 1661 « pour l'édification des bons et l'avertissement des impies » renferme une liste de divers arrêts rendus par les Parlements (certainement à l'instigation des dévots) entre 1655 et 1661, contre les blasphémateurs du Nom de Dieu et de la Sainte Vierge : sur dix arrêts, cinq comportent des condamnations à mort, un ordonne la fustigation et le supplice du carcan, trois les galères à temps ou à perpétuité, un enfin le bannissement. Et cette liste n'est pas complète.

Il est vraisemblable que la troupe de Molière a maintes fois rencontré sur sa route de pieux laïcs acharnés contre les joueurs de farces. Qu'elle ait été par eux pourchassée, traquée, obligée de disparaître, de transporter ses pénates en des lieux plus propices, nous pouvons l'inférer d'une anecdote relatée dans la *Vie de Pavillon*, évêque d'Aleth.

« Etant un jour à Narbonne, raconte le biographe, M. de Montaigu vit, dans la place, des joueurs de farce sur un théâtre. Il alla à l'extrémité de l'autre bout de la place où ils étaient, et, s'étant

mis à genou, il s'adressa à Dieu et dit : « Seigneur,
si vous voulez que je parle à ce peuple, faites-leur
quitter ces spectacles où ils sont attachés pour
venir m'écouter. » Dans le même temps, il arrêta
quelques femmes qui passaient pour les faire prier
Dieu et pour les instruire. Et aussitôt, ce peuple
accourut à lui et laissa là les joueurs de farce. Le
lendemain et les jours suivants, il monta même
sur le théâtre, où toute la ville vint l'écouter en
foule, et les farceurs furent obligés de la quitter.
Il fit à peu près la même chose à Béziers, à Carcassonne et dans plusieurs autres grandes villes, car
il était difficile que plusieurs ne fussent pas touchés de ses instructions pleines de sainte onction
et de l'esprit de Dieu. »

Narbonne, Béziers, Carcassonne, voilà des villes
où Molière a souvent passé et ces incidents se
produisaient précisément entre 1645 et 1655, alors
que le comique déambulait à travers le Languedoc.
Sans doute, on ne sache pas que la troupe du duc
d'Epernon ou de M. le prince de Conti en ait été
réduite à jouer sur les places publiques. Mais
croit-on qu'un Montaigu ne fût pas capable d'aller
la pourchasser jusque dans les jeux de paume ou
autres locaux de fortune où elle s'installait ?

Et même si Molière ne fut pas personnellement
victime du zèle de ce dévot ou de ses pareils, est-il
croyable qu'il ait vu sans indignation user de tels

procédés à l'égard des troupes nomades ? On sait combien il avait le sentiment de la camaraderie et comment il se fit un devoir plus tard d'obliger ses anciens compagnons.

Mais quel était ce Montaigu ? Un ancien libertin, un ancien débauché, un de ces diables faits ermites, un de ces seigneurs ruinés par le vice, perdus de réputation qui se vengeaient sur les autres de ne pouvoir, comme eux, mener la vie joyeuse, ou se faisaient une industrie de la dévotion pour continuer à satisfaire leurs passions, un Don Juan enfin, pour tout dire. Si Molière le connut combien ne dut-il pas le mépriser ?

Puisque nous en sommes aux conjectures, j'indiquerai en passant que Marseille était, dans le Midi, un des centres les plus actifs de la propagande dévote. La Compagnie du Saint-Sacrement de cette ville fonda plusieurs filiales dans la région. Il y avait là un évêque, nommé J.-B. Gaud, qui était fort en odeur de sainteté auprès de la Cabale. Une de ses premières préoccupations, quand il prit possession de son siège épiscopal, fut de « remettre les dames dans la modestie chrétienne » et de les obliger à ne paraître plus en public « le sein découvert ». (1) Le bon prélat n'obtint pas beaucoup de succès dans sa campagne ; mais il composa, faute de mieux, un beau sermon « contre le sein découvert des femmes » que la mort l'empêcha de prononcer.

Un tel homme, sans doute, ne fut pas tendre aux comédiens. Molière, d'ailleurs, ne dut pas le rencontrer sur sa route ; mais la réputation du saint évêque de Marseille put fort bien parvenir jusqu'à lui. Qui sait si l'auteur de *Tartuffe* ne pensait pas à l'auteur du sermon sur le « sein découvert des femmes » en écrivant le fameux vers :

Cachez ce sein que je ne saurais voir ?

Mais, c'est assez conjecturer. Nous avons des textes qui prouvent que Molière a été effectivement l'objet des tracasseries de certains de ces dévots austères dont la piété s'acharnait contre les farceurs, et qui, parfois, poussaient l'horreur des « histrions » jusqu'à les traiter en excommuniés.

Chorier, l'auteur d'une biographie latine de Boissat, s'exprime ainsi :

. (1) Cf. Rebelliau et Allier. Procès-verbaux des Conférences de la Compagnie de Marseille. On y trouve notée la campagne contre l'immodestie des femmes.

« Jean Baptiste Molière, très excellent acteur et auteur de comédies, était venu, vers ce temps à Vienne. Boissat le traitait avec honneur. Il ne l'anathématisait pas, à l'exemple de quelques-uns qui affectaient une sotte et insolente sévérité. Quelque pièce qu'il jouât, Boissat en était le spectateur assidu. Il faisait même asseoir à sa table cet homme éminent dans son art. Il lui donnait de somptueux repas. Il ne le mettait pas *comme un excommunié*, au nombre des impies et des scélérats, ainsi que le font d'ordinaire certains animaux farouches. » (1)

Cette traduction est celle de Mesnard. M. Moland donne de ce passage une variante. Il en traduit ainsi la fin :

Boissat « lui donnait d'excellents repas et ne faisant pas comme font certains fanatiques, ne le mettait pas au rang des impies et des scélérats, *quoiqu'il fût excommunié.* »

Quelque traduction qu'on adopte, il est clair qu'en certaines contrées Molière s'est trouvé en butte à l'hostilité flagrante des dévots qui lui

_____

(1) De Petri Boessati..... vita amicisque litteratis. 1680.

8

jetaient à la face l'excommunication que des prélats zélés avaient pu porter contre lui. (1)

Il est précisément un prélat que nous allons voir
se jeter à la traverse de la fortune du comique. Je
veux parler de l'évêque d'Aleth, Pavillon, le même
qui avait converti ce Montaigu si acharné contre
les farceurs. Cet évêque était, en fait d'excommunication, d'une libéralité remarquable. Duellistes
et concubinaires étaient par lui impitoyablement
exclus du giron de l'Eglise. Il ne dénommait pas
les acteurs autrement que des « histrions ». C'est
Pavillon qui convertit également le prince de
Conti. A en juger par l'attitude que nous allons
voir prendre à ce dernier, il n'est guère douteux

---

(1) Il n'est pas démontré que Bossuet ait péremptoire-
ment raison contre le P. Caffaro et que les comédiens
fussent *partout* expressément excommuniés du fait de leur
profession. Mais Bossuet lui-même avance-t-il cette affir-
mation ? En réalité, la pratique à peu près générale de
l'Eglise se bornait à traiter les comédiens en « scandaleux »
et à leur refuser les sacrements à moins qu'ils ne prissent
l'engagement de renoncer au théâtre. Ainsi agit-on encore
à l'égard de tous les pécheurs publics, les concubinaires,
par exemple. Certains évêques allaient plus loin et « ful-
minaient » l'excommunication formelle contre les acteurs,
surtout contre les « farceurs ».

que Molière n'ait été l'objet des foudres de l'évêque d'Aleth.

2o *Molière et Conti* (1)

Lorsque le prince de Conti accueillit Molière à Pézenas, en 1653, il vivait dans la débauche, ayant pour maîtresse déclarée Madame de Calvimont, femme d'un conseiller au Parlement de Bordeaux. Il était criblé de dettes, faisait profession d'athéisme et on lui prêtait même des vices contre nature. L'abbé Cosnac, Grimarest, l'abbé Voisin attestent la bienveillance, l'amitié même avec laquelle le comique fut traité, sinon lors de son arrivée, du moins peu de temps après.

« Le prince de Conti entretint longtemps une troupe de comédiens. Ne se contentant pas de voir

---

(1) Voir sur la question : Mesnard. Ed. de Molière. collection des Grands Ecrivains T. X.

R. Allier, *la Cabale des Dévots*, le chapitre sur *Tartuffe*. Rebelliau, *Rev. des Deux Mondes*, oct. 1909.

Gazier, *Mélanges de Littérat. et d'Hist.* — *Pavillon, Molière et Conti*, 1904.

Louis Lacour. *Le Tartuffe par ordre de Louis XIV*, 1875.

les représentations du théâtre, il conférait souvent avec le chef de leur troupe qui est le plus habile comédien de France, de ce que leur art a de plus excellent et de plus charmant. En lisant souvent avec lui les plus beaux endroits et les plus délicats des comédies tant anciennes que modernes, il prenait plaisir à les lui faire exprimer naïvement de sorte qu'il y avait peu de personnes qui pussent mieux juger d'une pièce de théâtre que ce prince. » (1)

Voilà l'estime où le gouverneur du Languedoc tenait Molière.

Or, ce grand personnage, brusquement, en 1655, à l'âge de 26 ans, se convertit. Il passe de l'extrême dissolution à l'extrême austérité. Il va se mettre à genoux devant Calvimont et fait enfermer au couvent l'épouse adultère. Il dépense des millions pour désintéresser ses créanciers. Il se fait affilier à la Compagnie du S. Sacrement. Et M. Gazier qui a étudié les rapports de Conti avec Molière, d'observer : « Un pareil néophyte, guidé par un Pavillon, devait bruyamment renverser les idoles. » Il les renversa, en effet avec éclat.

---

(1) Abbé Voisin : *Défense du Traité de Mgr le Prince de Conti touchant la Comédie et les spectacles.* P. 1671, p. 149.

« Du coup, remarque M. Allier, il se mit à décréter la sainteté et à proscrire, avec un égal entrain, l'hérésie et le rire. Le règlement de sa maison était terrible. L'interdiction de la comédie en était l'article essentiel. »

On sait que Racine a porté témoignage de la persistance de ce zèle :

« M. le prince de Conti, écrit-il à M. Vitart, le 25 juillet 1662, est à trois lieues de cette ville et se fait furieusement craindre dans la province. Il fait rechercher les vieux crimes qui sont en fort grand nombre. Il fait emprisonner bon nombre de gentilshommes et en a écartelé beaucoup d'autres. Une troupe de comédiens s'était venue établir dans une petite ville proche d'ici ; il les a chassés et ils ont passé le Rhône pour se retirer en Provence. On dit qu'il n'y a que des missionnaires et des archers à sa queue. Les gens du Languedoc ne sont pas accoutumés à telle réforme ; mais il faut pourtant plier. »

Mesnard a raconté en détails l'histoire des relations de la troupe avec Conti. Il date de 1655-1656, lors de la session des Etats de Pézenas, le commencement de la brouille.

« Il paraît, dit-il, que le temps de cette session fut celui où le vent commença à tourner contre le théâtre. L'austère évêque d'Aleth, Nicolas Pavillon,

venu aux Etats, rendit visite au prince qu'il trouva
malade dans une favorable disposition pour écouter ses pieuses exhortations à se repentir de ses
égarements. A ce moment où l'alarme fut jetée
dans la conscience du pécheur, il y eut certainement de sévères paroles sur les dangers d'un goût
si vif pour la comédie. Le temps d'une rupture
éclatante avec ce divertissement profane n'était
pas encore venu. Mais il est vraisemblable que
Molière trouva dès lors du refroidissement. »

Il semble bien, en effet, que la troupe, qui avait
jusque-là bénéficié des largesses de Conti et des
Etats, se vit traitée avec moins de générosité. Le
paiement de ses honoraires pour les représentations données lors de cette session provoqua des
difficultés.

Nous voyons qu'un accord est passé le 3 mars
1656 devant le juge royal de Narbonne, entre
Melchior Dufort et Joseph Cassaigne, étapiers,
d'une part, Molière et Madeleine Béjart, d'autre
part. Après la session, le prince de Conti avait
fait remettre à Molière une assignation de 5,000
livres sur le fonds des étapes de la province. Dans
le même temps Molière avait reçu 6,000 livres des
Etats. Ces 5,000 livres étaient-elles la dette personnelle du prince ? Etait-ce la pension que celui-ci
avait promise en 1653 au chef de la troupe ? Le

prince, au lieu de puiser dans son escarcelle a-t-il préféré donner un papier que nous voyons négocier ? Certains prétendent que le fonds des étapes comportait une sorte de chapitre des fonds secrets qui permettait au gouverneur de la province de rejeter sa dette sur les Etats. Toujours est-il que les deux étapiers acceptèrent de payer les 5,000 livres, partie comptant, partie à échéance. Mais précisément à l'échéance, ils refusèrent de faire honneur à leur signature. Il fallut un jugement du tribunal pour les contraindre à s'exécuter. De là l'accord du 3 mars 1656.

On peut, sans crainte de se tromper, supposer que ce conflit aurait été évité si le comédien avait été en aussi bonne grâce que jadis auprès du maître. Nous allons voir cette hypothèse se fortifier par ce qui s'est passé l'année suivante.

On lit dans la vie de Pavillon, que l'archevêque de Narbonne fit nommer « Monsieur d'Aleth » président du bureau des comptes pour les Etats de Béziers (1656-1657). Pavillon n'avait-il pas sollicité lui-même cette charge afin de mettre ordre aux irrégularités du genre de celles qui viennent d'être entrevues ? En tout cas, chargé de la surveillance du « comptereau », il sut empêcher que les deniers des Etats fussent dispensés aux comédiens. Voici, en effet, ce qui fut décidé, d'après le procès-verbal de la séance du 16 décembre 1656 :

« Sur les plaintes qui ont été portées aux états par plusieurs députés de l'assemblée, que la troupe des comédiens (c'est celle de Molière) qui est en la ville de Béziers fait distribuer plusieurs billets aux députés de cette compagnie pour les faire entrer à la comédie sans rien payer, dans l'espérance de retirer quelque gratification ; a été arrêté qu'il sera notifié par Loyseau, archer des gardes du Roi en la prévôté de l'hôtel, de retirer les billets qu'ils ont distribués et de faire payer, si bon leur semble, les députés qui iront à la comédie, l'Assemblée ayant résolu et arrêté qu'il n'y sera fait aucune considération et défendu par exprès à Messieurs du bureau des comptes de directement ni indirectement leur accorder aucunes sommes, ni au trésorier de la bourse de les payer, à peine de pure perte et d'en répondre en son propre et privé nom. »

Ce document éclaire, ce semble, l'incident de l'année précédente. A un titre quelconque, Molière avait touché jusqu'ici du fond des étapes, avec la complicité ou par l'ordre du prince de Conti, des gratifications. Peut-être le prince accordait-il de son chef aux comédiens cette gratifi-

cation qu'il faisait endosser par le « comptereau ».
Lors de sa conversion il eut des remords touchant
cette irrégularité quelque peu frauduleuse, il s'en
ouvrit à Pavillon ou celui-ci découvrit l'artifice de
comptabilité. Le prélat, considérant que les étapes
ne devaient rien, refusa sans doute aux étapiers
de les rembourser de la somme qu'ils avaient
versée comptant sur les 5.000 livres réclamées
par Molière. Quand vint le moment de payer la
première échéance, les étapiers refusèrent de s'exécuter. D'où contestation, procédure, jugement,
enfin, reconnaissant que les « assignations » du
prince de Conti étaient régulières et valables en
droit.

Les Etapes payèrent donc, mais Pavillon prit
soin que pareil fait ne se renouvelât pas l'année
suivante. Molière fut sans doute avisé qu'il ne
devait plus compter sur des largesses de cette
nature. Le comédien tenta-t-il de constituer une
nouvelle créance en distribuant des billets gratuits
aux députés ? Toujours est-il que grâce à la vigi-
lance de Pavillon, il encaissa un bénéfice sensiblement inférieur à celui des précédentes sessions.

De son côté, Joseph Béjart qui avait obtenu
1,500 livres à la précédente campagne pour un

Recueil de Titres et Blasons, ne put tirer que 500 livres d'une suite de ce Recueil; encore reçut-il avis de s'abstenir de faire des travaux qui ne lui seraient point expressément commandés. Or, il semble bien qu'il fût dans l'usage des comédiens ambulants d'exécuter des travaux de ce genre pour augmenter leur pécule. Le chevalier de L'Hermite Soliers qui était le mari de cette Vauselle attachée à la troupe de Molière, en 1652, et qui suivait cette troupe en qualité de poète et de cousin par alliance de Madeleine Béjart, composait aussi des ouvrages de Blason qui lui étaient rétribués en dehors des représentations théâtrales auxquelles il pouvait participer. (1)

Le premier résultat de l'emprise des Dévots sur le prince de Conti fut donc de priver Molière et ses camarades d'une part importante de leurs ressources habituelles. Cette considération ne fut sans doute pas étrangère à la résolution qu'ils prirent de quitter la province.

Au surplus, la troupe ne tarda pas à se convain-

---

(1) La vie mouvementée de ce singulier personnage a été racontée par M. Bernardin : *Hommes et Mœurs au XVIIᵉ s.* P. 1900. Chapitre intitulé : Un mari d'Actrice.

cre qu'elle ne devait définitivement plus compter
sur le prince de Conti. Celui-ci lui avait donné
rendez-vous à Bordeaux, où il devait se rendre à
son retour d'un voyage à Paris. Mais il fut retenu
dans la capitale par la maladie et l'abbé de Ciron,
recommandé par Pavillon, acheva sa conversion.
Ce fut le décisif adieu à tous les divertissements
profanes. Conti, que Molière soit allé ou non à
Bordeaux, ne se présenta jamais au rendez-vous.

Nous arrivons à l'an 1657. Molière joue la comédie à Lyon. Survient le prince de Conti qui se
rend en Italie, et voici ce qu'il écrit à l'abbé de
Ciron, son confesseur :

« Il y a des comédiens ici qui portaient autrefois
mon nom · je leur ai fait dire de le quitter, et vous
pensez bien que je n'ai eu garde de les aller voir. »

Molière ne parut pas aux États cette année-là...
Du moins n'y trouve-t-on point sa trace. En tout
cas, certainement ces incidents lui parurent
amers. Dégoûté, comme plus tard La Rochefoucauld, de l'amitié et de la dévotion, il résolut de
ne plus attendre longtemps pour regagner Paris.

3° *Le retour à Paris*

L'année suivante (1658) la troupe se mit en route. Elle fit étape à Rouen, comme on sait. Nous l'y rencontrons au mois de juin.

On se rappelle quel était l'état des esprits dans le monde catholique en Normandie, à ce moment-là. Les *Provinciales* y avaient jeté le plus grand trouble ; l'archevêque de Rouen, l'évêque de Bayeux et la grande majorité de leur clergé étaient en lutte ouverte avec la Compagnie et plus spécialement avec les solitaires de l'Ermitage de Caen qui les attaquaient violemment pour avoir protesté contre les doctrines des casuistes, c'est-à-dire dès Jésuites. La Compagnie du Saint-Sacrement avait soulevé contre ses adversaires — qui étaient ses supérieurs ecclésiastiques — une foule de fanatiques. Les polémiques devaient être virulentes, si nous en jugeons par les indications contenues dans le *Mémoire* de Dufour. Molière a-t-il pu ignorer ces polémiques? Cela serait d'autant moins vraisemblable qu'il avait des attaches à Rouen. Il y vit assidûment les deux Corneille. L'injure subie dans le Midi était encore cuisante.

Le comique put-il se défendre de confier ses ressentiments aux deux tragiques ? Ceux-ci, alors, purent-ils éviter de lui raconter les méfaits des dévots de leur région ? Pierre Corneille n'en était pas encore au temps où il allait à son tour faire pénitence et traduire l'*Imitation* en vers. Le grand homme était amoureux de la Du Parc; il ne rougissait point de se faire le rival de son frère Thomas, tant pour les « soins » auprès de la belle actrice que pour les petits vers galants consacrés à sa gloire.

On ne peut croire qu'entre les trois écrivains, les dévots ne furent pas mis sur le tapis. Ainsi Molière put accroître, s'il en était besoin, sa documentation sur les Tartuffes et les Don Juan.

Sans attacher plus d'importance qu'il n'en faut aux ressemblances frappantes que présente le personnage de Tartuffe avec les pharisiens de Dufour et de La Luzerne, ces ressemblances ne peuvent que corroborer cette hypothèse déjà très plausible. D'autre part, Molière a formellement indiqué que son héros était provincial. Enfin, nous voyons l'Imposteur, à la fin de la pièce, dénicher dans le grand Paris, avec une rapidité singulière, le vilain M. Loyal, un normand et qui se vante de l'être. C'est à se demander si les deux misérables ne sont pas des compatriotes.

Cependant Molière se rendait à Paris pour préparer les voies à sa troupe. Il avait des recommandations pour Monsieur, frère du Roi, alors âgé de 18 ans. Le futur duc d'Orléans était du clan des libertins : il n'aimait pas les dévots. Quand on lui dit que Molière arrivait à lui brouillé avec le prince de Conti dont la conversion faisait scandale, si l'on peut ainsi parler, parmi les libertins, il se trouva immédiatement bien disposé en faveur de ce comédien. La troupe quitta Rouen avec l'assurance qu'elle aurait la protection de Monsieur.

Molière parut pour la première fois devant Leurs Majestés le 4 octobre 1658. Il eut la joie de se faire bien venir du Roi, qui aimait la farce, en représentant devant lui le *Docteur Amoureux*. Il obtint pour sa troupe le droit de jouer, alternativement avec les Italiens, au Petit-Bourbon. Son entêtement à monter des tragédies faillit dès le début lui valoir des déboires. Mais le terrain qu'il perdait lorsqu'il chaussait le cothurne, il le regagnait lorsqu'il endossait la casaque des Sganarelles et des Mascarilles.

Le *Dépit Amoureux* fut un grand succès. En

1659, la réputation du farceur était établie. On sait comment la représentation des *Précieuses* commença de lui valoir le renom d'auteur comique de premier ordre. Vrai ou légendaire, le mot du bourgeois de Paris : « Courage, Molière, voilà de bonne comédie », traduisit l'opinion générale. Une interdiction momentanée ne fit qu'accroître la curiosité. Le Roi et Mazarin qui étaient au pied des Pyrénées firent jouer devant eux la pièce qui mettait Paris en émoi et consacrèrent, par leurs applaudissements, les applaudissements de la ville. L'auteur des *Précieuses* avait le vent en poupe. Il tint tête aux alcovistes et imprima sa pièce.

Au mois de mai, *Sganarelle ou le Cocu imaginaire* lui valut de nouveaux succès, mais lui attirèrent très probablement aussi de nouvelles attaques. Peut-être n'a-t-on pas assez remarqué que cette farce est une de celles qui ont encouru de la part de Bossuet plus tard les plus vifs reproches. (1)

---

(1) Cf. Les *Maximes et Réflexions sur la Comédie*.

Ed. Gazier. Ch. V., pp. 33 et 34. Bossuet semble bien, outre l'*Ecole des Femmes*, l'*Ecole des Maris* et *Amphytrion*, viser le *Cocu* lorsqu'il écrit :

« On réprouvera les discours ou ce rigoureux censeur

L'évêque de Meaux avait été affilié à la Compagnie du Saint Sacrement. Il est à croire qu'il se faisait ici l'écho des doléances des confrères d'autrefois, d'autant plus que les railleries de Molière touchant les *Quatrains* de Pibrac, les *Tablettes de la Vie et de la Mort*, et *La Guide des Pécheurs* visaient ouvertement leurs procédés d'éducation.

---

des grands canons, ce grave réformateur des ruines et des expressions de nos précieuses, étale cependant au grand jour les avantages d'une infâme tolérance des maris et *sollicite les femmes à de honteuses vengeances contre leurs jaloux.* »

Bossuet ajoute :

« La postérité saura peut-être la fin de ce poète qui, en jouant son *Malade Imaginaire* ou son *Médecin par force*, reçut la dernière atteinte de la maladie dont il mourut peu d'heures après, et passa des plaisanteries du théâtre, parmi lesquelles il rendit presque le dernier soupir, au tribunal de celui qui a dit : « Malheur à vous qui riez, parce que vous pleurerez. »

Voyer d'Argenson parle aussi de Molière à propos du *Tartuffe* et lui aussi en un style plus sec mais dans un esprit analogue, rappelle la triste fin du comédien. Bossuet écrivant en 1694. d'après ses souvenirs, ne se rapelle pas bien la pièce que jouait Molière lorsqu'il fut frappé à mort par son terrible mal, mais il avait gardé la mémoire des griefs de ses confrères de la Cabale, lorsque parurent les deux *Ecoles*. Il est probable que son allusion au *Cocu Imaginaire* est un souvenir du même temps.

Remarquons encore que le 2 juillet de la même année 1660, un mois à peine après la première du *Cocu*, le prince de Conti, l'adversaire acharné du théâtre immoral, se faisait affilier à la Compagnie du Saint-Sacrement de Paris. Le prince de Conti, si dévot qu'il fût, n'ignorait rien de ce qui se passait dans la capitale. Il a gémi sur l'indécence de la nouvelle œuvre de son ancien commensal. Toute la Cabale a protesté contre ce scandale. Ce n'est là évidemment qu'une conjecture. Mais tous les faits que nous connaissons, tous ceux qu'il me reste à raconter en font une quasi-certitude.

Ainsi, en arrivant à Paris, Molière retrouva devant lui les mêmes adversaires qui l'avaient fait échouer à ses débuts et qui l'avaient si fort tracassé durant son séjour en province. Seulement il n'était plus homme à souffrir les attaques ou à endurer les brimades sans se défendre. Il résolut de rendre coup pour coup. Justement, les circonstances furent telles qu'elles devaient l'induire à prendre une telle résolution si ses rancunes ne l'y avaient pas suffisamment incité.

CHAPITRE SIXIÈME

LES HOSTILITÉS

1° Première escarmouche (L'Ecole des Maris)

Précisément en 1660 éclataient les scandales de
Caen ; les accusations formulées par Dufour contre les confrères du Saint-Sacrement étaient ap-
portées à Paris par l'archevêque de Rouen. Si
nous nous référons aux lettres de Guy Patin, l'opinion de la ville en était saisie dès le commencement d'août. Les *Annales* de d'Argenson attestent
que la Compagnie fut informée le 29 du même
mois que Mazarin nourrissait contre elle de noirs
desseins : il avait l'œil sur elle et ne songeait à
rien de moins qu'à l'anéantir.

Effectivement une enquête fut ordonnée; les faits recueillis furent déférés au Parlement. Bien que le Premier Président Lamoignon fût de la maison, la Compagnie se vit, par arrêt rendu en bonne et due forme, au mois de décembre 1660, interdire toute réunion ultérieure.

Molière profita du moment. Mais il avait acquis trop d'expérience pour se lancer dans une attaque à fond. Cette longue guerre de huit ans s'ouvrit sur une simple escarmouche.

L'*Ecole des Maris* fut jouée le 24 juin 1661. Il est clair que si, dans son ensemble, cette pièce constitue une comédie d'intrigue assez voisine de la farce, le premier acte en relève singulièrement la portée philosophique ou sociale. Molière y oppose, en effet, l'une à l'autre deux doctrines, deux systèmes d'éducation. (1)

On l'accusait d'immoralité à propos de *Sgana- relle*. Pourquoi ? Parce que, en traitant si libre-

---

(1) Par là, Molière renouvelle le sujet qu'il emprunte à l'Espagne. (Voir Martinenche : *Molière et le Théâtre espagnol*). Il s'agit chez les modèles de maris jaloux ; il s'agit chez Molière de principes d'éducation. Cette seule diffé- rence est capitale et change toute la portée philosophique et des situations et des dialogues, fussent-ils visiblement imités.

ment de sujets scabreux, il choquait la pudeur et
instruisait l'ignorance des jeunes filles tout en ex-
citant les gens d'expérience à la concupiscence et
les personnes mariées à l'oubli de la dignité du
sacrement du mariage. Molière répond que ni les
sévérités outrées, les claustrations, les « grilles »,
ni les principes surannés, ni les modes désuètes ne
valent, pour sauvegarder la vertu des femmes ou
des filles, une bonne honnêteté toute humaine
éclairée par le bon sens et guidée par une sage expérience de la vie.

Le reproche adressé au comique pouvait indis-
poser contre lui certaines personnes austères dont
un grand nombre se groupaient, dans l'ancienne
Cour, autour de la Reine-Mère. Là les mœurs nouvelles, le développement de la vie mondaine, avec
le train de luxe qu'elle entraînait, avec son dé-
ploiement de bals et de fêtes, étaient ouvertement
blâmés; Sganarelle était l'interprète de ces mé-
contents.

Ce blâme était-il seulement le fait de vieilles gens
dont la maussade sévérité s'accommodait mal de
façons de vivre qui choquaient leurs habitudes?
Sganarelle est, en une certaine mesure, un « lau-
dator temporis acti ». Mais ce traditionnaliste

n'est point le vieillard de la pièce. Il est notablement plus jeune que son frère Ariste; il n'est donc
pas uniquement le porte-parole de vieillards entê-
tés. En réalité, les gens qu'il représente défendent
un principe. (1)

La jeune Cour, pour toute règle, professe qu'il
convient, sinon d'imiter les « muguets » plaisam-
ment raillés par Sganarelle en raison de leurs
modes extravagantes, du moins de s'accommoder
des mœurs de son temps. Cet opportunisme
« amoral » (qu'on me passe ce néologisme anachro-
nique mais expressif autant que célèbre) choque
les Sganarelles de l'ancienne Cour.

Non seulement ceux-ci raillent les modes nouvelles, non seulement ils se tiennent à l'écart des ré-
jouissances coûteuses ou des mondanités futiles,
mais ils les condamnent comme des immoralités
et ils redoutent, comme un danger social, la promis-
cuité des sexes qui est la conséquence de la vie
mondaine.

Sganarelle a sur ces matières des idées arrêtées
et des principes rigides. Qu'on observe ou qu'on
viole ses principes, il y attache une importance

---

(1) La différence d'âge existe aussi chez l'Espagnol:
mais ceci n'en affaiblit pas le sens symbolique.

primordiale, car il y va, selon lui, de la santé morale de toute la nouvelle génération. Point de vertu possible chez une femme qui suit les maximes d'Ariste. La « chair est faible » : le seul moyen d'éviter le péché est d'en fuir l'occasion. Le tuteur d'Isabelle tient donc sa pupille

« Enfermée à la clef ou menée avec lui ».

Il entend user avec elle d'autorité, non seulement parce que la loi lui en confère le droit, mais parce que la vertu de la jeune fille et son propre honneur à lui-même, qui doit l'épouser, dépendent des sages rigueurs qu'il exercera. Il exige donc qu'Isabelle ne s'habille que d'une serge honnête,

« Qu'elle porte le noir aux bons jours seulement »

qu'enfermée au logis, elle ne s'occupe que des soins du ménage,

« Qu'aux discours des muguets elle ferme l'oreille
Et ne sorte jamais sans quelqu'un qui la veille. »

Enfin, il ne veut point porter de cornes s'il se peut.

Voilà ses principes. D'ailleurs, il n'est pas autrement jaloux ; il a quelque pitié pour le jeune Valère, dans la joie où il est de constater les fruits que son système d'éducation a produits dans l'âme d'Isabelle.

La première règle de cette éducation, c'est d'éviter que les damoiseaux puissent « fleurer les filles en liberté »; c'est ensuite d'interdire l'usage des vêtements luxueux parce que le luxe engendre la corruption. Sganarelle est si convaincu de l'excellence de ses méthodes qu'il craint même pour sa pupille la fréquentation de son frère Ariste, de Léonore et de toute cette famille dévoyée :

> Quelle belle famille ! Un vieillard insensé
> Qui fait le dameret dans un corps tout cassé,
> Une fille maîtresse et coquette suprême,
> Des valets impudents : non, la sagesse même
> N'en viendrait pas à bout, perdrait sens et raison
> A vouloir corriger une telle maison.

Mais quels sont les gens qui se scandalisent à ce point des habitudes mondaines ? Les Dévots. Quels sont les gens qui rêvent de « corriger les maisons » mal conduites ? Les Dévots. Et n'y a-t-il pas entre ce langage et celui de Mme Pernelle une ressemblance évidente ?

Ecoutons encore ce soliloque :

> N'est-ce pas quelque chose enfin de surprenant
> Que la corruption des mœurs de maintenant ?...

> Au lieu de voir régner cette sévérité
> Qui composait si bien l'ancienne honnêteté,
> La jeunesse, en ces lieux, libertine, absolue.....

L'allusion est transparente. On croirait entendre les dévots entichés de leur Tartuffe.

Evidemment, Sganarelle n'est pas désigné ouvertement comme un dévot, un hypocrite, un Tartuffe. Mais il est de la Cabale au même titre qu'Orgon ou que Mme Pernelle. Du moins, il raisonne comme eux, il professe leurs doctrines.

J'entends bien que lorsqu'il passe aux actes, il n'est plus qu'un personnage assez bouffon, qu'il joue un rôle de farce. Mais il n'était pas de spectateurs un peu au courant des mœurs de la Cabale des Dévots qui, en écoutant ce Premier Acte, ne dussent sentir l'allusion, dans le temps précis où Dufour et La Luzerne venaient de révéler ces mœurs, dans le temps où à la ville comme à la Cour on en jasait de tous côtés.

Molière, pour mieux identifier son personnage, a d'ailleurs pris soin de lui attribuer cette manie d'espionner les familles, de surveiller l'éclosion de l'adultère, d'en triompher comme d'une victoire, de colporter les scandales de mœurs, ce goût enfin d'une police indiscrète et malsaine qui est le capital grief retenu par les contemporains à l'encontre des Dévots.

D'autre part la manie des claustrations et des « grilles » n'était pas moins caractéristique, encore qu'on la trouve dans les modèles espagnols. Tous les adversaires de la Cabale devaient applaudir la bonne langue de Lisette, lorsqu'elle s'écriait, parlant des précautions de Sganarélle :

..... Tous ces soins sont des choses infâmes
Sommes-nous chez les Turcs pour enfermer les femmes ?

On reconnaissait encore les propos habituels aux dévots lorsque Sganarelle prétendait mettre la suprême vertu des filles à « s'offenser des seuls regards d'un homme », ou lorsque, scandalisé des indulgentes maximes de son frère, il ordonnait à sa pupille de rentrer « pour n'ouïr point *celle pratique infâme.* »

On peut dire enfin que dans tout le premier acte de cette comédie Sganarelle n'est presque pas un personnage de théâtre : il est l'orateur d'une doctrine qui est celle de la Cabale. Molière savait fort bien qu'en ridiculisant l'orateur, il jetterait le ridicule sur la doctrine et c'est pour cela que l'*Ecole des Maris* doit être considéré comme une

première escarmouche dans la guerre de Molière
contre les Dévots.

2° *Un Succès* (l'Ecole des Femmes).

Après ce qui vient d'être dit de l'*Ecole des Maris*,
il n'est pas besoin d'insister longuement sur là
signification de l'*Ecole des Femmes*, représentée à
la ville fin 1662 et à la cour en janvier 1663.

Dans les deux pièces c'est sensiblement la même
thèse. Arnolphe remplace Sganarelle ; le premier,
en apparence, n'est qu'une sorte de doublure du
second. Les deux personnages cependant offrent
des nuances de caractère qui ne manquent pas
d'intérêt pour nous.

Arnolphe, non plus que Sganarelle, n'est pas
signalé comme un dévot. Mais il est déjà une sorte
d'hypocrite de la dévotion. Car, ne partageant pas,
semble-t-il, les convictions des dévots, il est, par
jalousie pure, conduit à leur emprunter comme
une politique efficace leurs principes d'éducation.

Il y a un fond de sincérité chez Sganarelle : ce
maussade personnage croit vraiment que la morale
est en danger, il gémit sur les mœurs du temps,

il regrette l'ancienne honnêteté, il voudrait corriger la maison de son frère. Aucune préoccupation de ce genre n'est perceptible chez Arnolphe. Ce maniaque de la jalousie est incapable de s'abstraire de ses soucis égoïstes. Il craint pour lui-même les effets de la malice féminine, il s'en amuse lorsque les autres en sont victimes. Sa terreur d'être cocu est égalée par sa joie de voir le front du voisin paré des ornements de la « confrérie ».

Si Sganarelle furetait dans les familles afin d'en découvrir les tares, c'était pour alimenter sa bile et justifier l'excellence de ses principes austères. Arnolphe ne s'enquiert des scandales de mœurs que pour s'en gausser. Il exulte d'abord quand cet écervelé d'Horace lui confie sa bonne fortune, il l'encourage même à poursuivre l'intrigue ébauchée, il lui prête de l'argent à cet effet. Car il n'est, contrairement à la tradition de la farce, aucunement avare, quoique tuteur et jaloux.

Ainsi Molière avant de s'attaquer directement aux dévots, s'en prend à leurs principaux alliés : les traditionnalistes grincheux du genre de Sganarelle, les jaloux railleurs et finauds de l'espèce d'Arnolphe.

Ces derniers se soucient bien des principes ! La

morale des Dévots leur apparaît uniquement comme une sorte de code des moyens propres à mettre et à entretenir les jeunes filles dans un heureux état d'idiotisme. C'est Arnolphe qui nous en avise. Il n'a placé Agnès dans un petit couvent que pour qu'on l'y rendît « idiote autant qu'il se pourrait ». (1) Ceci est déjà suffisamment signifi-catif, je pense. Mais il y a mieux. Ce beau résultat acquis, il s'agit d'entretenir soigneusement cette précieuse bêtise. Or, le moyen qu'en trouve Arnol-phe, c'est de faire à son Agnès un sermon fort dévot et de lui donner à méditer les « Maximes du Mariage ».

Mais d'où sont tirées ces Maximes du Mariage? Elles ne sont pas de l'invention de Molière. M. G. Lanson en a dévoilé l'origine. L'auteur de l'*Ecole des Femmes* n'a fait qu'adapter à son sujet des stances tirées d'un livre édifiant de Desmarets de Saint-Sorlin (*Œuvres Chrétiennes*), et voici le titre de ce poème : *Préceptes de mariage de Saint-Gré-*

---

(1) Le modèle espagnol a épousé aussi une sotte, croyant se garantir contre la malice foncière des femmes : mais il n'est pour rien dans l'éducation de sa femme. Il s'agit encore d'un cas individuel de jalousie, non d'une méthode d'éducation comme chez Molière.

goire de Nazianze, envoyés à Olympias le jour de ses noces. M. Lanson a pris soin de traduire quelques passages des « *Instructions à Olympias* » sur le texte de la *Patrologie* : les vers de Desmarets sont une paraphrase assez fidèle, à quelque transpositions de mœurs près, du texte grec. Quant à Molière, il suit d'assez près son modèle. Voici donc Desmarets et Saint Grégoire en posture fort ridicule, de même que les auteurs de maximes édifiantes en usage dans les couvents et dans les familles dévotes (tels que les *Quatrains* de Pibrac, les *Tablettes* et *La Guide des Pécheurs* déja ridiculisés dans le *Cocu.* (1)

Quant au sermon de Sganarelle, encore que l'idée en ait été suggérée à Molière par son modèle espagnol, il suffit de le lire pour constater que les allusions satiriques à l'endroit des dévots et de leur système d'éducation sont absolument d'actualité.

Du coup, il fut avéré pour la Cabale que Molière poursuivait une campagne libertine. Elle suscita contre le poète une véritable levée de boucliers.

_____

(1) Voyez l'article de M. G. Lanson dans la *Revue Bleue*, 2 déc. 1899.

A la vérité, la Compagnie du Saint-Sacrement ne parut point s'intéresser à la querelle. On sait qu'il n'entrait pas dans sa politique de se découvrir. Mais n'est-il pas symptomatique que tous les pamphlétaires, de Visé dans sa *Zelinde*, Boursault, dans son *Portrait du Peintre*, de Visé, de nouveau, dans sa *Vengeance des Marquis*, Robinet, enfin, dans son *Panégyrique de l'Ecole des Femmes*, aient à l'envi imputé à Molière le crime d'impiété, apportant, à côté des injures et des calomnies, des arguments qui seront développés plus tard par le prince de Conti et par Bossuet ?

Les attaques provinrent d'écrivains jaloux, dit-on. Mais pourquoi cette cabale littéraire s'arme-t-elle des armes de la Cabale des Dévots ? Comment expliquer que des gens parfaitement au courant de la situation de Molière à la Cour aient l'audace de s'attaquer, en prenant de telles armes, au favori du Roi ? Ne faut-il pas qu'ils sentent derrière eux des personnages assez puissants pour les protéger ?

Ils en ont : le fils de Boursault affirme que son père fut obligé, presque malgré lui, « de faire la critique d'une des plus belles comédies de Molière qui est *l'Ecole des Femmes*. » Il le fit, dit-il, « pour obéir à ceux qui l'y avaient engagé et à qui il ne pouvait rien refuser ». Le rédacteur de la *Muse Historique* se déclare réduit à une prudence qui lui interdit de parler du théâtre ou trop haut ou trop bas. Qui donc tire les ficelles de ces pantins ? Qui mène cette campagne de diffamation ? Qui documente les plumitifs jaloux, sinon ces « Invisibles » qui ameutaient jadis toute la ville de Bordeaux, toute la région de Caen et Paris même, récemment encore, par leurs perfides insinuations ou leurs infamantes dénonciations ? Qui ? sinon ces mêmes gens qui, après avoir fait trébucher Molière à ses débuts, l'ont ensuite brouillé avec Conti ?

Boursault nous paraît aujourd'hui un personnage obscur. Il était en réalité secrétaire aux commandements de la Duchesse d'Angoulême, très répandu dans le monde, protégé par le maréchal de Créqui, par le maréchal de Noailles, par M. de Fieulet, par l'archevêque de Langres, un duc et pair, par des amis ou des membres de la Compagnie du Saint-Sacrement. En vérité cette Cabale littéraire porte la griffe de la Cabale des Dévots.

D'autres questions surgissent d'ailleurs : s'il ne s'agit que d'une querelle littéraire, pourquoi veut-on que le roi se mêle d'y intervenir ? Est-ce que contre les jaloux, contre les « turlupins », contre les alcovistes, Molière n'est pas de taille à se défendre lui-même ? La *Critique de l'Ecole des Femmes* et *l'Impromptu de Versailles* répondent d'ores et déjà à la question.

Mais le Roi veut qu'on sache qu'il est avec Molière : il lui accorde mille livres de pension à titre d'« excellent poète comique » et lui commande *l'Impromptu,* afin qu'il ait, après la *Critique,* une nouvelle occasion de tancer Monsieur Boursault. Enfin, comme ces marques de faveur n'ont pas calmé la venimeuse colère des ennemis de Molière, Louis XIV accepte le parrainage du fils aîné du poète, au mois de février 1664.

Une querelle de vulgaires plumitifs valait-elle tant d'affaires ? Non. Mais le Roi savait que derrière les de Visé, les Boursault et les Robinet, se cachait la toute-puissante Cabale des Dévots inspirée par Conti et par le marquis de Fénelon, protégée enfin par la Reine-Mère : contre de tels adversaires ce n'était point trop de la toute-puissance royale.

M. Lanson a remarqué quelque part que dans la *Critique,* l'auteur s'était défendu mollement de l'accusation d'impiété. Mais non ! Il a dit tout ce

qu'il suffisait de dire : il a répondu que de vrais
dévots n'avaient rien trouvé à redire à sa pièce.
Ces vrais dévots c'était le Roi, c'était Mme Hen-
riette, c'était même, en apparence, Anne d'Autriche, puisque celle-ci, obéissant à son impérieux
fils, se laissait dédier la *Critique de l'Ecole des
Femmes*. Or un tel argument eût dû alors suffire à
tout, puisqu'il laissait entendre qu'au sentiment
des souverains, il n'y avait que de faux dévots pour
se scandaliser touchant une comédie qu'eux-
mêmes ne trouvaient ni déshonnête, ni libertine.

D'autre part le poète démontrait qu'il savait d'où
le coup était parti et il ne dissimulait pas son
intention de revenir sur la question. Il songeait à
Tartuffe déjà ; la dédicace à la Reine-Mère n'était
peut-être qu'une précaution pour qu'au jour de
l'attaque directe contre les Dévots cette auguste
personne ne pût être mise en cause.

L'histoire de la Cabale, pendant ces jours de
lutte est aussi fort instructive pour nous.

On se souvient qu'un arrêt du Parlement en
date du 13 décembre 1660 avait interdit à la Compagnie du S. Sacrement de continuer à tenir ses
assises. A la vérité, cette Compagnie n'était pas
formellement désignée, mais elle se reconnut si

bien qu'elle résolut d'obtempérer à cette injonc-
tion. Son obéissance n'alla pourtant pas sans
quelque restriction. Les officiers continuèrent
seuls à se réunir mais ils veillèrent au bon fonctionnement des œuvres. On ne convoquait plus
les membres, mais on les voyait isolément, on les
dirigeait toujours et on s'efforçait de communi-
quer avec les Compagnies de province dont l'activité ne fut aucunement ralentie. Jusqu'en 1666 la
dispersion de la société secrète ne fut qu'appa-
rente, ses influences restèrent intactes et ses œuvres continuèrent de vivre. « L'on y travailla, écrit
d'Argenson, comme on avait coutume de faire ».

Il y eut cependant des fluctuations diverses. En
1662, au temps de l'*Ecole des Femmes*, les dévots
levaient la tête et même concevaient des espoirs
de revanche. Un des leurs, Bossuet, prêchait le
carême au Louvre et il adjurait le roi en ces termes
le jour des Rameaux :

« Sire, un regard de votre face sur ces blasphémateurs et sur ces impies afin qu'ils n'osent paraître et qu'on voie s'accomplir en votre règne ce
qu'a prédit le prophète Amos :« Que la Cabale des
libertins sera renversée : auferetur factio lasci-
vientium », et ce mot du roi Salomon : « Un roi
sage dissipe les impies et les voûtes des prisons

sont leurs demeures : dissipat impios rex sapiens et incurvat super eos fornicem »; sans égard ni aux conditions ni aux personnes; car il faut un châtiment rigoureux à une telle insolence. ».

Or, cette année-là, le prince de Conti fut nommé secrétaire de la Compagnie et combien une telle nomination est suggestive pour nous au moment où se déchaîne la querelle de l'*Ecole des Femmes !*

Au mois de juin les affaires paraissaient aller si bien pour la Compagnie qu'elle songeait à provoquer une assemblée des membres. Mais la police en fut informée et il fallut renoncer à de telles tentatives.

Tout était bien changé au mois d'août. Le marquis de Laval rendait compte le 14 de ce mois d'une démarche qu'il avait faite auprès du procureur du Châtelet « sur la défense des assemblées qui faisait grand bruit par tout Paris en ce temps-là ».

« Il dit qu'il avait demandé à ce magistrat s'il y avait danger d'aller à la Congrégation des Jésuites et aux Assemblées des paroisses, sur quoi il avait (le procureur) répondu que ce n'était pas à ces Compagnies que l'on en voulait, mais à celle du St Sacrement, parce qu'il y avait des gens factieux qu'on était résolu de la détruire, qu'on la cherchait et qu'on la trouverait à la fin. »

Malgré ces traverses la Compagnie s'efforçait de vivre. En 1663 on assemblait jusqu'à 18 membres à la fois. Mais le secrétaire, d'Avolé, apprit qu'il était l'objet d'une filature, on redoubla de prudence.

« Alors, dit d'Argenson, le monde était si déchaîné contre les dévots qu'on n'osait ni parler ni recommander une bonne œuvre qu'à des amis fort particuliers. »

Survint alors en Sorbonne une fâcheuse affaire qui attira de nouveau l'attention du gouvernement et de la police sur la Compagnie ou du moins sur ses principaux membres. La Cabale fut convaincue de professer des théories ultramontaines. Le confrère Lamoignon, premier président du Parlement, dut suspendre de ses fonctions le Syndic de la Sorbonne, autre confrère. Colbert fit procéder à une enquête. Le rapport de police met en cause la Compagnie du P. Bagot, qui a, dit-il, des rapports avec la Compagnie de l'Ermitage de Caen, la communauté de Saint-Sulpice et celle de Saint-Nicolas du Chardonnet, en un mot les foyers de propagande des confrères du Saint Sacrement. Il dénonce en outre « les particuliers dévots qui contribuent à l'avancement de l'ouvrage que les

bons français et les véritables sujets du roi essaient d'empêcher ». Tous les noms qu'il cite : d'Albon, La Motte Fénelon, Abelly, etc., sont des noms de confrères actifs.

Toutes ces « persécutions », pour emprunter le langage de d'Argenson, n'expliquent-elles pas la victoire de Molière dans cette querelle de l'*Ecole des Femmes* ? Et le poète pouvait-il ne pas penser que cette victoire était complète et définitive ?

CHAPITRE SEPTIÈME

LES HOSTILITÉS

(Suite.)

1° Une défaite (le Tartuffe de 1664)

Molière n'ignorait pas ces tribulations du parti dévot. On a vu que le Marquis de Laval avouait, en pleine conférence de la Compagnie du Saint-Sacrement, que les mécomptes de la Cabale faisaient grand bruit dans tout Paris. Le comédien pouvait se croire à l'abri de tout péril : il avait eu raison de ses ennemis. Assuré de la toute-puissante protection du roi, il crut pouvoir attaquer de front la terrible secte : il lança son *Tartuffe*. Et ce fut un beau scandale parmi les dévots. Mais le poëte put constater qu'il avait méconnu la puissance de ses adversaires. La Compagnie du Saint-Sacrement lui prouva qu'elle n'était pas encore morte en faisant interdire la nouvelle comédie.

Les confrères en connaissaient le sujet et en avaient jugé l'esprit avant même que la représentation en eût été décidée. Molière, au dire de Brossette, avait « récité » les trois premiers actes de *Tartuffe* à Louis XIV avant de les jouer devant lui.

« Cette pièce, dit Brossette plut à Sa Majesté qui en parla trop avantageusement pour ne pas irriter la jalousie des ennemis de Molière et surtout la Cabale des Dévots. » (1)

La critique moderne a cru généralement que Brossette avait fait confusion et que cette « récitation » signifiait, non une lecture, mais la représentation même du 12 mai 1664. Certains même prétendirent que l'auteur avait introduit par surprise son nouvel ouvrage au milieu du programme des Plaisirs de L'Ile Enchantée. M. Moland,

_____

(1) Cf. Correspondance de Brossette et Boileau (Laverdet 1858) pp. 563 et 565.

notamment, paraît partager cette opinion. On ne
voit pas bien pourquoi le comédien aurait couru
ce risque ni quelle raison pouvait infirmer l'asser-
tion de Brossette. Quoi qu'il en soit, il faut renoncer
au « coup de surprise », au « coup de tonnerre »
du *Tartuffe*. Car d'Argenson confirme le fait de la
colère préventive des dévots signalé par Brossette ;
les *Annales* indiquent formellement que la Compagnie du Saint-Sacrement ourdit une intrigue
en vue d'empêcher la représentation qu'elle pré-
voyait devoir se produire à la Cour.

La Compagnie tint séance le 17 avril chez le
Marquis de Laval :

« On parla fort ce jour-là, écrit d'Argenson, de
travailler à procurer la *suppression* de la méchante
comédie de *Tartuffe*. Chacun se chargea d'en
parler à ses amis qui *avaient quelque crédit à la Cour
pour empêcher sa représentation*, et, en effet elle fut
différée assez longtemps, mais enfin le mauvais
esprit du monde triompha de tous les soins et de
toute la résistance de la solide piété en faveur de
l'auteur libertin de cette pièce, qui, sans doute, a
été puni de toutes ses impiétés par une très
malheureuse fin. Car, en représentant le *Malade
Imaginaire* il mourut subitement sur le théâtre
presque à la vue de tous les spectateurs, sans
secours spirituels ni temporels. »

La fin de ce passage pourrait faire croire que d'Argenson se trompe : il semble n'avoir aucune notion de la perspective des événements. N'oublions pas que l'auteur des *Annales* travaille sur des notes et des procès-verbaux. Il se peut qu'il ait mal connu l'enchaînement des faits relativement au *Tartuffe* ; mais une réalité subsiste, c'est que la Compagnie délibère sur cette pièce, le 17 avril, soit près d'un mois avant qu'elle ait été représentée devant le Roi. Il est constant également que dans cette délibération il s'agit d'intervenir préalablement *à la Cour*, pour que la représentation n'ait pas lieu.

Tout ceci illumine les dires de Brossette. Molière a lu sa pièce au roi longtemps avant de la faire représenter. Le roi l'a approuvée et louée ouvertement ; ainsi les dévots ont appris ce qui se préparait et ils ont tout fait pour supprimer (1) la « méchante comédie » et empêcher sa représentation.

Leurs efforts furent vains. La comédie de *Tartuffe* parut à la Cour le 12 mai. Mais on avisa à

(1) Apparemment supprimer du programme des fêtes, puisque la pièce n'a pu figurer encore nulle part sur les affiches des théâtres publics.

empêcher qu'elle fût jouée à la ville. Le 17, la
Gazette de France déclarait « la pièce absolument
injurieuse à la religion et capable de produire de
dangereux effets. » La Cabale inspirait la *Gazette.*
Les *Annales* de d'Argenson notent quelques jours
plus tard ceci :

« Dans l'assemblée du 27ᵉ de mai, on rapporta
que le roi, bien informé par M. de Péréfixe, archevêque de Paris, des mauvais effets que pouvait
produire la comédie de *Tartuffe* l'avait défendue ;
mais, dans la suite, malgré tous les soins qu'on en
put prendre, elle fut permise et jouée publiquement. »

On voit qu'ici, comme plus haut, d'Argenson ne
tient aucun compte de l'enchaînement des faits.
Entre le moment de l'interdiction provoquée, par
le confrère Péréfixe et celui de la représentation
publique autorisée en 1669, il s'écoulera cinq
années.

Ce qui nous importe pour le moment c'est que
d'Argenson note l'interdiction du *Tartuffe* comme
une « bonne œuvre » due à l'initiative de la Compagnie du Saint-Sacrement. Celle-ci n'avait pas
daigné délibérer sur les pièces antérieures. S'il
lui avait semblé opportun de flétrir l'immoralité

de comédies comme le *Cocu* ou comme l'*École des Maris*, le zèle des confrères s'y était appliqué sans qu'il fût besoin d'un mot d'ordre. S'il avait paru nécessaire de stigmatiser l'irrévérence et l'impiété de l'impudique *École des Femmes*, le prince de Conti, qui était ou venait d'être secrétaire de la société, s'était trouvé à point pour faire donner toute sa clientèle de libellistes ou de pamphlétaires. Il n'avait point été question d'interdire de telles œuvres ; aussi bien savait-on que c'eût été peine perdue. Le Roi l'avait suffisamment montré.

Pour le *Tartuffe* l'affaire était plus grave. La Compagnie était personnellement visée ; tout le monde le crut, tout le monde le dit, et Molière l'indique assez clairement dans ses deux placets comme dans sa préface.

Le P. Rapin écrit dans ses *Mémoires*, à propos de M. de Renty qui était l'un des principaux chefs du Saint-Sacrement :

« Comme on copie tout en France, il se trouva des personnes de qualité qui, vivant dans le siècle, voulurent imiter sa vertu et ce fut sur ce modèle que la secte des dévots qui fit depuis tant de bruit se forma, dont le Marquis de Fénelon, le Marquis de Saint-Mesme, le Comte de Brancas, le Comte d'Albon, tous personnages de qualité et de la Cour, furent les principaux chefs, *lesquels commencèrent à se liguer pour exterminer les duels dans le royaume et pour détruire le blasphème parmi les gens de qualité.....* »

Ces derniers traits suffiraient à identifier la Compagnie du Saint-Sacrement si nous ne savions d'ailleurs que tous les personnages cités dans ce passage en faisaient partie. Le P. Rapin ajoute un peu plus loin :

« Ceux mêmes qui en furent devinrent odieux à la Cour par l'affectation qu'ils eurent de donner ou de faire donner des avis au cardinal sur sa conduite, par des voies choquantes et nullement honnêtes : ce qui irrita le cardinal et l'obligea à rendre ces gens suspects au roi, lequel pour les décrier les fit jouer quelques années après sur le théâtre par Molière. »

A supposer qu'il y ait quelque exagération à penser que réellement le sujet du *Tartuffe* ait été suggéré à Molière par Louis XIV, il reste que, pour le P. Rapin, c'est bien la Compagnie du S. Sacrement qui était visée dans la pièce.

La même indication nous est apportée par le biographe anonyme de la Mère Gautron, supérieure de la Fidélité de Saumur. Son ouvrage était dédié à la marquise de Laval, fille du marquis de Fénelon et femme d'un des principaux confrères. Le marquis de Fénelon fut lui-même l'un des chefs les plus connus de la Compagnie et l'un des plus indiscrets dans son zèle, l'un des plus odieux à Mazarin, en tout cas, de même qu'à Colbert.

« Il lui avait fallu (au marquis de Fénelon) souffrir pendant plusieurs années presque une continuelle persécution dont une vertu médiocre aurait été ébranlée. On disait qu'il était de la Cabale et de la faction des dévots qui étaient alors regardés comme des gens remuants et dangereux. Quand la comédie de *Tartuffe* parut, on dit à l'auteur qu'il aurait mieux fait de donner une épée qu'une soutane à son faux dévot, on voulait indiquer M. de Fénelon. »

Ainsi les dévots eux-mêmes crurent que la Compagnie du Saint Sacrement était jouée par Molière dans le *Tartuffe*. Le Grand Condé le croyait aussi. — Et Molière, cite un mot de lui dans sa préface qui prouve bien que ce prince était dans le vrai :

« Huit jours après qu'elle eût été défendue (la comédie de *Tartuffe*) on représenta devant la Cour une pièce intitulée *Scaramouche Ermite* ; et le Roi, en sortant dit au grand prince que je veux dire :

« Je voudrais bien savoir pourquoi les gens qui se scandalisent si fort de la comédie de Molière ne disent mot de celle de *Scaramouche*. » A quoi le prince répondit : « La raison de cela c'est que la comédie de *Scaramouche* joue le ciel et la religion dont ces messieurs-là ne se soucient point ; mais celle de Molière les joue eux-mêmes : c'est ce qu'ils ne peuvent souffrir. »

Voilà bien la raison pour laquelle la Compagnie du Saint Sacrement met en action toutes les influences dont elle dispose en vue de faire interdire *Tartuffe*, alors qu'elle n'avait pas songé à faire disparaître de l'affiche l'*Ecole des Femmes* qui, à certains égards, était plus libertine, je veux dire plus impie et plus irréligieuse. Une cabale littéraire agrémentée de médisances et de calomnies ne suffisait pas ici : il fallait, comme l'avoue d'Argenson, que la Compagnie employât tout son crédit à la Cour, en même temps qu'elle ferait donner l'archevêque de Paris. *Tartuffe* fut immolé non aux intérêts de la religion, mais à ceux des « Dévots » qui s'y reconnurent. (1)

_____

(1) L'étude du texte de *Tartuffe* confirme pleinement ces conclusions. Mais c'est un livre qu'il y faudrait consacrer, ou mieux c'est une nouvelle édition critique qu'il faudrait

En dépit du Roi lui-même qui avait approuvé, voire, selon le P. Rapin, commandé la comédie, Molière fut vaincu par la Compagnie du S. Sacrement. Cette défaite fut pourtant relative. Le poète obtint des approbations dont l'autorité dut paraître impressionnante. Il se vante d'avoir eu celle du légat du Pape à qui il avait lu sa pièce et personne ne l'a démenti sur ce point. Dans le même temps, un certain P. Maury adressait à l'auteur de *Tartuffe* un véritable panégyrique en vers latins.

« Illustre Molière, écrivait-il, prince du théâtre comique... au milieu du concert de louanges qui se fait autour de toi, tu ne saurais échapper à la malignité des langues ; mais n'est-ce pas assez d'avoir pour soi les bons esprits et les juges équitables ? Ce n'est pas la foule des sots qui dispense la gloire. Plaire aux princes du monde, voilà le succès qui passe tout. Toi tu plais au Roi lui-même, sa haute faveur en est le témoignage... On est avide de t'entendre et de te lire. Tout le monde t'a dans la main ou dans la poche. Si l'on te ferme la porte, ce n'est que chez ceux qui ne te connaissent pas, qui par prévention refusent à te connaître,

entreprendre. Les notes du chapitre IV suffiront cependant à éclairer la religion du lecteur. Cf. R. Allier, *La Cabale des Dévots* et Rebelliau, *Revue des Deux Mondes*, 1909.

qui ont en haine et en horreur jusqu'au nom de comédie... »

Ce jésuite, on le voit, connaît ceux qui ont fait interdire *Tartuffe*. Les derniers mots de la citation désignent clairement les Dévots. Ce panégyriste ne se contente pas, d'ailleurs, de rendre hommage au talent de l'auteur et de l'acteur, il célèbre aussi la sagesse du moraliste :

« Par quel autre don pourrait s'acquitter ma reconnaissance après les admirables spectacles que tu nous offres sur la scène ? Chaque fois que je les ai vus, je suis rentré chez moi plus gai et meilleur, tant tu as l'art de mêler le sérieux au badin, l'agréable à l'utile, d'enseigner la règle du bien, de tracer la ligne de l'honnête, châtiant toujours le vice et récompensant la vertu. » (1)

Maury savait ce qu'il disait quand il affirmait que Molière plaisait aux princes et que tout le monde était avide de l'entendre ou de le lire. Faute de représentations publiques *Tartuffe* faisait recette en des représentations clandestines, si on peut ainsi qualifier des représentations que toute

(1) Maury. *Théâtrum universae vanitatis.* Paris, Bellaine. 1664. in-12.

11

la Cour connaissait. Dans l'espace de six mois il y eut un nombre très grand de lectures chez de hauts personnages : une eut lieu devant le légat; une autre faillit avoir pour auditeur le jan-séniste Nicole. La comédie fut jouée en outre le 25 septembre 1664 à Villers-Cotterets, chez Monsieur et le 29 novembre, chez la Palatine, cette fois en cinq actes.

Quant à la Cabale des Dévots elle restait muette. Le curé Roullé, il est vrai, publia son fameux libelle : « *Le Roi Glorieux au Monde* » immédiatement après la représentation du 12 mai (le privilège de ce libelle est du 24 de ce mois). Mais à peine publié il fut arrêté à la requête de Molière qui en profita pour remettre son premier placet au roi. Or si Louis XIV fit détruire l'infâme libelle de Roullé, il refusa d'autoriser la représentation publique de *Tartuffe*, disant qu'il ne fallait pas irriter les dévots. Ceux-ci approuvèrent sans doute la saisie du « *Roi Glorieux au Monde* », car ils désavouèrent son auteur, estimant qu'une campagne de libelles ne pouvait que servir Molière. Leur plan était d'organiser la conspiration du silence, de laisser le comédien lire sa pièce dans les salons et la représenter chez les princes, après quoi.

pensaient-ils, la « méchante comédie » tomberait dans l'oubli.

Molière cependant pouvait se demander qui était assez puissant pour paralyser la bonne volonté de Louis XIV. Il connut que le coup venait de la Reine-Mère et du prince de Conti. Faute de pouvoir atteindre la première il se retourna contre le second.

2º *Un Duel* (le Don Juan)

Le 16 février 1665 Molière représenta sur le théâtre du Palais-Royal *Don Juan ou le Festin de Pierre*. Le sujet, tiré d'une comédie espagnole intitulée *le Séducteur de Séville et le Convive de Pierre*, était fort à la mode. On l'avait mis à la scène mainte fois à Paris et en province : Don Juan avait paru à l'affiche du Petit Bourbon et à celle de l'Hôtel de Bourgogne. La troupe de Mademoiselle et celle des Italiens avaient représenté leur *Festin de Pierre*. Tout le XVIIIᵉ siècle a cru, sur la foi de Voltaire, que Molière avait composé son *Don Juan* comme malgré lui, pour contenter ses camarades qui voulaient, eux aussi, avoir leur statue du

Commandeur. Aussi bien, ne connaissait-on alors qu'un mauvais texte de cette comédie. Mais depuis cent ans que nous en possédons la version exacte les commentaires n'en ont pas été moins erronés.

Molière n'a pas composé *Don Juan* pour plaire à sa troupe : s'il a choisi un tel sujet, ce n'est pas seulement pour obéir à la mode, c'est encore, c'est surtout parce que la légende espagnole lui permettait de tirer vengeance de l'interdiction du *Tartuffe* et de s'attaquer personnellement à celui qu'il rendait responsable de cette mesure intempestive.

Les clefs indiquent bien des originaux de Tartuffe et Tartuffe n'est exclusivement aucun d'eux : il en est la synthèse ; il représente toute la secte, toute la Cabale des Dévots. Tel trait de sa physionomie qui conviendrait à l'abbé de Roquette, par exemple (1) ne saurait être attribué au marquis de Fénelon. Si, dans telle scène (2) c'est peut-être Charpy de Sainte-Croix qui paraît à nos yeux, on

(1) Surtout les passages qui visent l'ambition des dévots.
(2) Les scènes où Tartuffe courtise Elmire surtout.

sait qu'une autre ridiculise l'archevêque Péréfixe. (1)

C'est peut-être Conti qui se jette aux genoux d'Orgon, en la personne de Tartuffe comme le Conti de l'histoire offrit à Calvimont déshonoré par lui, d'aller se prosterner à ses pieds. (2) Mais ni Conti, ni Fénelon, ni d'Albon ne sauraient être les parasites ou les « domestiques » d'un Orgon : à ce titre Tartuffe ressemble plutôt à ces hypocrites qui vivaient autour des princes dévots et dont Cosnac nous a parlé. Combien, enfin, de traits ne sauraient s'entendre que de la Cabale prise en bloc ?

C'est que, selon son ordinaire, Molière a « contemplé » la vie ; il a recueilli au passage des traits de mœurs disparates, puis il les a triturés, condensés, amalgamés. Comme du cerveau de Jupiter est sortie tout armée, la sage et omnisciente Minerve, ainsi du cerveau du poète a surgi Tar-

---

(1) La fameuse scène du « pauvre homme ! » qu'on dit avoir été suggérée par Louis XIV.

(2) Cf. Barthélemy. *Une nièce de Mazarin. La Princesse de Conti d'après sa corresp. inédite*, 1875, p. 76. Voir également msc. 19347 Fonds français à la Bibl. nat.

tuffe, le type le plus vivant et le plus compréhensif en même temps de l'hypocrisie dévote.

Le *Tartuffe* est éternel ; on le joue toujours ; on l'a joué sans en bien connaître la genèse ; on le jouera encore sachant qu'il a été composé pour des raisons d'actualité. C'est que l'hypocrisie est éternelle ; c'est que le génie de Molière, comme celui de tous les grands poètes, possédait cette magie de fixer ce qui fuit et d'éterniser ce qui passe, en dégageant la signification humaine essentielle des manifestations passagères des mœurs : vertus, vices, modes, manies individuelles ou collectives.

Or *Don Juan* a disparu de l'affiche dès 1665 et il n'a pas été repris avant le 17 novembre 1841. Je ne pense pas qu'on puisse facilement le faire goûter du public moderne, quoiqu'on l'ait revu à de rares intervalles à l'Odéon ou la Comédie Française.

La raison en est que *Don Juan*, dans le cadre d'une légende assez vieillotte, — rajeunie pourtant par plus d'un poète, mais sous une forme plus lyrique ou plus épique, — ne renferme pas autre chose, chez Molière, qu'une satire directe, un pamphlet amer plutôt, dirigé comme un seul homme, le prince de Conti. Je ne sais rien qui soit plus éloi-

gné de la vérité que ce paradoxe de vouloir faire
de l'auteur, à propos de cette pièce, un des plus
hardis précurseurs de la Révolution Française,
un prophète de la philosophie des Diderot, des
Voltaire et des Rousseau. (1)

Tous les traits saillants du personnage moliéres-
que conviennent à Conti et visent à le faire reconnaître. Si quelques-uns, celui de la conversion,
par exemple, pourraient convenir à plusieurs autres des brebis égarées qu'on vit alors rentrer au
bercail de l'Église, ce ne serait là qu'une ressemblance lointaine et vague.

Mais Conti, le Conti que détestait Molière, celui
que haïssaient le Roi, et Monsieur, et Mademoiselle, et Mazarin hier, Colbert et de Lyonne aujour-
d'hui, ce Conti là ressemble pleinement, pour
l'ensemble de la physionomie comme pour le dé-
tail des traits, au *Don Juan* de notre poète.

_____

(1) Le cadre de ce livre ne se prête pas à développer cette
idée; mais qu'on réfléchisse à l'horreur de Molière pour toutes les traditions surannées : (Ex. : *Ecole des Maris, Ecole
des Femmes*) et pour toutes les innovations prématurées :
(Ex. : Le féminisme, *Précieuses Ridicules, Femmes savan-
tes*); qu'on considère sa constante préoccupation de prêcher
le bon sens, de recommander de suivre les usages du temps.
Il eût, député de nos jours, siégé avec les opportunistes.

Don Juan est un viveur, un débauché complet; beaucoup de convertis le furent, mais non pas tous à la manière de ce très grand seigneur; ils n'ont pas tous sa fortune; ils n'ont pas tous surtout cette verve spirituelle qui séduit les duchesses et les paysannes; Conti, lui, a dû à son rang, à sa fortune, à son esprit, ses innombrables succès. Madame de Calvimont, Mademoiselle de la Roche, la Du Parc, et vingt autres, ou plus nobles ou plus obscures, se sont laissé prendre à ses pétillantes saillies ou bien à ses folles largesses.

Don Juan se joue du cœur de ses belles et, après avoir en dillettante savouré la volupté du premier désir, il ne se contente pas de se tourner vers une autre conquête, il est sans pitié pour ses victimes, il les raille, il les insulte et se fait une gloire de ses cruautés, autant que de ses bonnes fortunes. Ainsi Conti impose la Du Parc à la Calvimont et il faut voir en quels termes il parle de la nièce de Mazarin qu'il doit épouser! (1)

Conti, au dire de Bussy Rabutin, cité par Tallemant des Réaux, avait, un an avant son retour à Dieu composé une carte de « Braquerie ». « Par le

(1) Cf. Barthélemy, op. cit.

mot Braquerie, explique Tallemant, il entendait parler des dames qui étaient galantes.... » Et Bussy nous révèle que la liste des villes, c'est-à-dire des dames galantes, dont se composait cette carte, se terminait ainsi « Longueville est une ville grande et belle. Il y a eu quatre gouverneurs...... » et il se désignait dans le nombre... La Duchesse de Longueville était la propre sœur de ce prince de la débauche. Conti n'égale pas seulement Don Juan, il le dépasse. (1)

On sait qu'après sa conversion, le prince fit enfermer son ancienne maîtresse, Mme de Calvimont, dans un couvent :

« Il m'est venu des scrupules, Madame, dit Don Juan à Elvire qu'il abandonne, et j'ai ouvert les yeux de l'âme sur ce que je faisais. J'ai fait réflexion que, pour vous épouser, je vous ai dérobée à la clôture d'un couvent..... » Si Don Juan est cynique, Conti ne l'est pas moins.

Si, malgré son inconstance, Don Juan s'avoue volontiers enclin à la jalousie quand il est pris d'un caprice nouveau, Mademoiselle de Montpen-

---

(1) Cf. Louis Lacour. *Le Tartuffe par ordre de Louis XIV.*

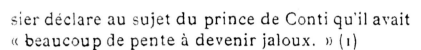

sier déclare au sujet du prince de Conti qu'il avait
« beaucoup de pente à devenir jaloux. » (1)

Et avec tout cela le « détestable maître » de
Sganarelle respire la fougue juvénile ; il est très
brave, il méprise le danger, il se jette dans toutes
les querelles. C'est un passionné et un enthousiaste
en dépit de son scepticisme affecté. Ainsi Conti :
« L'humeur de ce prince le portait à prendre toutes choses avec violence » écrit Cosnac. Et pour ce
qui est de sa bravoure tous les témoignages con-
cordent à la lui accorder.

Ce violent était parfois terrible. Converti, il dis-
pensait la potence avec autant de libéralité qu'il
faisait de ses deniers au temps de ses débauches.
Mais que ne fit-il pas avant d'être un saint ? Les
sommes considérables que son confesseur, M. de
Ciron, l'obligea de dépenser pour les pauvres des
villages qu'il avait ravagés attestent la cruauté de
ses vengeances. « Un grand seigneur méchant
homme est une terrible chose », s'écrie Sganarelle,
parlant de Don Juan. Et le cardinal de Retz porte
ce jugement sur le cousin du Roi : « La méchan-

(1) Cf. Egalement Barthélemy, op. cité.

ceté inondait ses autres qualités qui n'étaient d'ailleurs que médiocres. »

Conti est Don Juan encore par la scélératesse de sa vie publique il le reconnaîtra dans son testament : « J'ai toléré et autorisé des désordres innombrables. » L'abbé de Ciron, désigné par l'évêque d'Aleth pour entendre sa confession, en éprouva une telle angoisse qu'il déclare avoir passé toute une nuit en prières ; on dirait qu'il a éprouvé une sorte d'agonie semblable à celle du Christ au Jardin des Oliviers, tant la responsabilité d'absoudre un tel pécheur lui paraissait effroyable.

Don Juan, Conti l'est par son athéisme. Parlant de sa subite conversion, Mademoiselle de Montpensier écrit : « Il s'était tout à coup jeté dans la dévotion ; il en avait bien besoin, car avant il ne croyait pas trop à Dieu. »

Don Juan, enfin, Conti l'est jusque dans les moindres détails de cette conversion. Don Juan se convertit en une nuit, puisque les règles de la comédie exigent que toute l'action se passe dans les vingt-quatre heures ; mais ce n'est qu'un symbole de la rapidité du changement qui s'opère dans l'âme du grand seigneur libertin. Fort brusque est aussi la révolution qui transforme le cœur de

Conti. Mademoiselle de Montpensier le note et aussi tous les contemporains qui y font allusion. C'est en 1654 que ce prince composait sa carte de *Bracquerie*; en 1655, il était déjà tout confit en dévotion. Il y a plus : le langage même de Don Juan expliquant à son père son soudain revirement est le même que tient Conti à ses confidents : si, du moins, est exacte la suggestive comparaison de texte que voici :

DON JUAN

Oui, vous me voyez revenu de toutes mes erreurs, je ne suis plus le même d'hier au soir, et le ciel tout d'un coup a fait en moi un changement *qui va surprendre tout le monde.* (1). Il a touché mon âme et dessillé mes yeux ; et je regarde avec horreur le long aveuglement où j'ai été, et les désordres criminels de la vie que j'ai menée. J'en repasse dans mon esprit toutes les abominations, et je m'étonne comme le ciel les a pu souffrir

CONTI

Ce n'est plus le même homme que vous avez connu qui vous écrit. Mes forces m'abandonnent, mes yeux même ont perdu leur lumière et leur clarté. Madame de Conti et moi avons résolu de donner tous les jours un certain temps à parler ensemble des choses de notre salut. Ce coup qui vient de frapper le compagnon d'une partie de mes folies me fait voir la main de Dieu m'épargnant miséricordieusement pour me laisser le temps

---

(1) On voit le soin de Molière à marquer la brusquerie de ce coup de la grâce.

si longtemps et n'a pas vingt fois sur ma tête laissé tomber les coups de sa justice redoutable. Je vois les grâces que sa bonté m'a faites en ne me punissant point de mes crimes et je prétends en profiter, comme je dois, faire éclater aux yeux du monde un soudain changement de vie, réparer par là le scandale de mes actions passées et m'efforcer d'en obtenir du Ciel une pleine rémission.

C'est à quoi je vais travailler et je vous prie, Monsieur, de vouloir bien contribuer à ce dessein *et de m'aider vous-même à faire choix d'une personne qui me serve de guide et sous la conduite de qui je puisse marcher sûrement dans le chemin où je vais entrer.* (1).

de faire pénitence. J'ai désir de satisfaire à la justice de Dieu en cette vie pour tous mes crimes. J'ai presque toujours ma misère devant les yeux. On aurait peine à comprendre quelle est la reconnaissance de mon cœur pour une telle miséricorde. J'envisage tous mes devoirs et gémis devant Dieu de mes misères passées pour obtenir par des prières ferventes qu'il me fasse ressentir les effets de sa miséricorde.

Je prends enfin toutes les mesures nécessaires. Voulant me donner à Dieu, je traite de ce dessein avec M. d'Aleth *et l'oblige de me donner une personne en qui je puisse prendre une entière confiance.* (2).

Il y avait des gens pour renseigner Molière sur les faits et gestes de ses ennemis. Cosnac qui avait été le familier du prince et qui était devenu son

---

(1) Don Juan VI.

(2) Lettres de Conti et du P. de Ciron. Voir aussi le *Discours sur la Conversion du prince de Conti* par le P. Des Champs. Cette confrontation de textes a été faite par Louis Lacour, op. cit.

ennemi juré n'est peut être pas étranger à l'excellence de la documentation du poète.

Enfin Don Juan converti se résout à entrer dans la Cabale des dévots : on connaît la tirade fameuse du cinquième acte :

« Tous les autres vices des hommes sont exposés à la censure, et chacun à la liberté de les attaquer hautement ; mais l'hypocrisie est un vice privilégié, qui de sa main ferme la bouche à tout le monde et jouit en repos d'une impunité souveraine. On lie, à force de grimaces une société avec tous les gens du parti : qui en choque un se les attire tous sur les bras, et ceux que l'on sait même de bonne foi là-dessus..... sont toujours la dupe des autres..... Combien crois-tu que j'en connais qui, par ce stratagème, ont rhabillé adroitement les désordres de leur jeunesse, qui se sont fait un bouclier du manteau de la religion, et, sous cet habit respecté ont le droit d'être les plus méchants hommes ?..... »

Suit un portrait satirique des tartuffes de la Cabale qui vengeait Molière de l'interdiction de sa comédie précédente. Mais on sait que Conti, à peine converti, se fit affilier à la Compagnie du Saint-Sacrement et qu'il en devint l'un des principaux chefs. Ainsi la fameuse tirade qu'on comprenait si mal au xviiie siècle, qu'on regardait encore au XIXᵉ comme un hors-d'œuvre, une éloquente digression n'ayant d'autre valeur que celle d'une sorte de pamphlet arbitrairement introduit dans le *Don Juan* par Molière en colère, cette tirade est en réalité conforme à la vérité historique du sujet. De même le dénouement du *Tartuffe* n'était point un « deus ex machina » maladroitement raccordé à l'intrigue par le poète, embarrassé pour obéir à la loi du genre et terminer heureusement une comédie qui tournait au drame : ce dénouement était une allusion, fort claire alors, au jugement qui avait frappé la Compagnie du Saint-Sacrement et aux foudres nouvelles que Colbert et Louis XIV lui réservaient à cause de son esprit « factieux ».

CHAPITRE HUITIÈME

MOLIÈRE ET LOUIS XIV

1º Le Triomphe de Tartuffe

Conti se reconnut si bien dans le *Don Juan* qu'il voulut, au bord de la tombe, insérer sa réponse dans un *Traité de la Comédie* auquel il travaillait depuis plus de dix ans. (1)

Dans ces lignes vengeresses, pas un mot sur le *Tartuffe*. Mais une protestation contre l'immoralité de l'*Ecole des Femmes* ; une véhémente indignation contre l'impiété du *Don Juan*.

------

(1) *Traité de la comédie et des spectacles selon la tradition de l'Eglise, tirée des Conciles et des Pères.* P. 1666.

12

On sent le grand seigneur chez cet humble confrère du Saint-Sacrement. Ce qu'il reproche súr-
tout à l'auteur comique, c'est d'avoir confié la
cause de Dieu à un valet. Un prince de la maison
de Bourbon, qui fait pénitence de ses crimes,
a certes, le droit de jouer au théologien ; mais un
valet qui fut toujours honnête homme, de quoi se
mêle-t-il de vouloir défendre la religion ! Est-il
pareille impertinence ? La Rochefoucauld avait
raison : l'humilité manquait à ces nobles dévots.

Cependant le *Traité* de Conti ne devait paraître
qu'après sa mort. Un certain sieur de Rochemont
(mais ce pseudonyme désigne peut être tout simplement un seigneur de la Cour de Pézénas), se
chargea au préalable d'aviser Molière qu'il eût à
ne point « abuser de la bonté d'un grand prince,
et de la piété d'une reine si religieuse, à qui il est
à charge et dont il se fait gloire de choquer le
sentiment. »

Rochemont évoquant le fantôme du *Tartuffe*
menaçait le poète des pires disgrâces s'il s'obsti-
nait à vouloir représenter une pièce que la Reine-
Mère et les dévots avaient condamnée.

En même temps, si l'on en croit Grimarest, une
nouvelle campagne de diffamation était entamée :

on faisait courir un livre infâme sur le compte de Molière afin de le perdre. Aux attaques ouvertes du comédien, Conti et ses Tartuffes répondaient de nouveau, comme au temps de *l'Ecole des Femmes*, par de sourdes intrigues et des manœuvres abominables.

Don Juan pourtant poursuivait son heureuse carrière; la pièce tint l'affiche jusqu'à la clôture de Pâques. La Cabale qui voulait l'interdiction n'obtint qu'une coupure peu considérable. Les recettes attestent la faveur du public; et cependant à la réouverture on ne revit plus *Don Juan*, il ne reparut plus avant l'année 1841 et Molière même ne le fit pas imprimer.

Cherchons l'explication de ce mystère.

Dans cette nouvelle bataille, Louis XIV, une fois de plus, couvrit de son égide son comédien favori. Il le fit de manière à faire comprendre aux ennemis du poète, que toutes les hostilités se briseraient contre sa volonté.

« Vendredi 14ᵉ août, écrit La Grange, sur son registre, la troupe alla à Saint-Germain-en-Laye ; le Roy dit au sieur de Molière qu'il voulait que la troupe dorénavant lui appartint et la demanda à Monsieur. Sa Majesté donna en mesme temps six mille livres de pension à la troupe, qui prist congé de Monsieur, lui demanda la continuation de sa protection et prist ce titre : La Troupe du Roy au Palais-Royal.

Les amis de Molière triomphèrent bruyamment. L'auteur anonyme de la *Lettre sur les Observations du Sieur de Rochemont* profita de l'événement pour rétorquer spirituellement les injures et les calomnies des Roullé et des Rochemont en leur montrant l'attitude « du Grand Roi qui n'a point donné de relâche ni trève à l'impiété. »

Et Boileau, emboîtant le pas à son ami, d'écrire à son tour :

> Tous ces gens éperdus au seul nom de satire...
> Ce sont eux que l'on voit d'un discours insensé
> Publier dans Paris que tout est renversé,
> Au moindre bruit qui court qu'un auteur les menace
> De jouer des bigots la trompeuse grimace.
> Pour eux un tel ouvrage est un monstre odieux ;
> C'est offenser les lois, c'est s'attaquer aux cieux...
> Leur cœur qui se connoit et qui fuit la lumière,
> S'il se moque de Dieu, craint *Tartuffe* et Molière.

Cependant si c'était la victoire pour Molière, ce n'était pas le triomphe pour *Tartuffe* et même, la disparition de *Don Juan* était la rançon des nouvelles faveurs du Roi. Louis XIV pouvait tolérer que Molière jouât un prince du sang quand la troupe n'était qu'à Monsieur, mais il ne pouvait sanctionner cette sorte de sacrilège en assistant à la représentation.

Lorsque, pour contrebalancer l'hostilité déclarée d'Anne d'Autriche, le roi eut résolu de s'attacher la troupe de Molière, non seulement il ne permit pas une reprise de *Don Juan*, mais il crut devoir exiger de l'auteur la promesse de ne pas imprimer cet ouvrage.

Pour ce qui est de *Tartuffe*, le roi refusa vraisemblablement de lever l'interdit dont il était frappé tant qu'Anne d'Autriche persisterait à y mettre opposition et tant que les autorités ecclésiastiques maintiendraient leur veto.

Or, Anne d'Autriche meurt le 20 janvier 1666 et le prince de Conti disparaît dans le même temps. S'il n'est pas question de reprendre immédiatement *Tartuffe*, c'est que Molière a son *Misanthrope* à jouer.

Cette comédie, comme les précédentes (et plus qu'elles peut-être) pénétrée des sentiments personnels de l'auteur, renferme bien des passages qui sont de rudes coups portés contre les hypocrites :

> De cette complaisance on voit l'injuste excès
> Pour le franc scélérat avec qui j'ai procès.

Au travers de son masque on voit à plein le traître :
Par tout il est connu pour tout ce qu'il peut être
Et ses roulements d'yeux et son ton radouci
N'imposent qu'à des gens qui ne sont point d'ici.
On sait que ce pied plat, digne qu'on le confonde,
Par de sales emplois s'est poussé dans le monde.....
Nommez le fourbe, infâme et scélérat maudit,
Tout le monde en convient et nul n'y contredit ;
Cependant sa grimace est partout bien venue.....

Et plus loin

Un traître, dont on sait la scandaleuse histoire,
Est sorti triomphant d'une fausseté noire.....
Le poids de sa grimace, où brille l'artifice,
Renverse le bon droit et tourne la justice :
Il fait par un arrêt couronner son forfait. (1).

Alceste enfin ne parle-t-il pas des propres ennemis de Molière quand il s'écrie :

Il court de par le monde un livre abominable,
Un livre à mériter la dernière rigueur
Dont le fourbe a le front de me faire l'auteur.

Ainsi le comédien du Roi, avec obstination,

----

(1) Les vers soulignés ne visent-ils pas Conti ? dont on
sait la scandaleuse histoire et dont les grimaces n'imposent
qu'aux gens « qui ne sont pas d'ici » c'est-à-dire aux provinciaux, sans doute.

poursuit sous l'œil bienveillant du Maître, sa campagne contre la Cabale et contre son chef.

Mais la disparition de la Reine-Mère et celle de Conti produisent déjà leur effet ; la Cabale littéraire qui s'était montée contre l'auteur de l'*Ecole des Femmes* et de *Don Juan* se dissout aussitôt : Donneau de Visé est en 1667 l'un des plus chauds admirateurs du *Misanthrope*. Quelle ironie de voir figurer en tête de l'édition du nouveau chef-d'œuvre une lettre du censeur de l'*Ecole des Femmes !*

Cependant le poète songeait à reprendre *Tartuffe :* pendant le long séjour qu'il fit à Versailles pour les plaisirs du Roi, il parle de cette grande affaire. Mais à son retour à Paris il tombe malade ; puis, au mois de mai 1667, Louis XIV quitte la Cour pour les Flandres, non sans avoir verbalement accordé à son comédien la grâce qu'il sollicite depuis si longtemps.

C'est ainsi que, le 5 août de cette même année, sous le titre de l'*Imposteur*, et avec des changements de texte et de costumes qui avaient été imposés par le Roi, le *Tartuffe* fut enfin représenté sur la scène du Palais-Royal.

Le moment était favorable. La Cabale ayant perdu ses seuls protecteurs efficaces avait été l'objet de foudres nouvelles; la Compagnie du Saint-Sacrement avait été cette fois réellement dissoute en 1666.

Mais en l'absence du roi, le confrère Lamoignon avait la responsabilité de la police et l'archevêque Hardouin de Péréfixe n'avait pas désarmé. Lamoignon fit suspendre les représentations et Péréfixe les interdit sous prétexte qu'au moment où le roi « exposait si librement sa vie pour le bien de son Etat, il y aurait eu de l'impiété à s'occuper à des spectacles capables d'attirer la colère du ciel ».

Vainement Molière tenta une démarche personnelle auprès de Lamoignon qu'il pouvait croire détaché de la secte après cette affaire de la Sorbonne où le Premier Président du Parlement avait si nettement pris parti contre les Dévots. A la vérité ce haut magistrat, fonctionnaire zélé, voulait bien sacrifier la Cabale à la politique du Roi, mais il ne fut pas fâché de se faire pardonner cette espèce de trahison, en immolant Molière aux rancunes de ses anciens confrères. Il fut aimable et louangeur, mais il prit congé du poète un peu à la manière dont Tartuffe se débarrasse des reproches importuns de Cléante. (Acte IV Sc. 1).

Deux comédiens dépêchés auprès du Roi dans

les Flandres ne purent obtenir que des promesses vagues. Au retour de Louis XIV, en septembre, ces promesses ne furent pas immédiatement tenues. Molière, dans son nouveau placet, ne dissimulait pas sa résolution de ne plus paraître à la scène si *Tartuffe* ne pouvait être joué. Est-ce pour exécuter cette menace? Toujours est-il qu'il disparait, en effet, depuis la fin d'octobre jusqu'au mois de janvier suivant.

Sans doute obtint-il de nouvelles promesses, dans l'intervalle, car il reparut avec *Amphytrion* qui est bien, quoi qu'en en dise, la plus éclatante et la plus immorale flatterie qu'on puisse concevoir à l'égard du royal adultère. Ce n'était pas la première au surplus; on en trouverait d'analogues dans l'*Ecole des Maris* et dans l'*Ecole des Femmes*. C'est de ce prix que se payaient les faveurs royales. Ce n'est pourtant que plus d'un an après, le 5 février 1669, que *Tartuffe* ou *l'Imposteur* put être librement représenté au Palais Royal.

Le succès fut étourdissant, la foule s'écrasait aux portes du théâtre : ce triomphe fut durable; par le nombre des représentations et par l'importance des recettes, *le Tartuffe* fut l'une des plus grandes réussites que l'on ait jamais vues au théâtre.

Et ce fut aussi le triomphe des ennemis de la Cabale. Celle-ci était anéantie, les Jésuites l'avaient abandonnée à son triste sort; tous ses appuis lui avaient manqué en même temps. Il fut acquis désormais qu'elle n'avait jamais été qu'un repaire d'hypocrites venimeux : comédiens, satiriques, moralistes, prédicateurs même, vont maintenant, et bien avant que Louis XIV verse dans la dévotion, dauber à l'envi contre les hypocrites.

Au surplus, le Roi de France s'est réconcilié avec Rome; un grand apaisement se fait dans les querelles religieuses. Enfin, le tout-puissant amant de la Montespan — dont l'étoile déjà pâlit devant celle de La Vallière — promène dans la même voiture, publiquement, les « trois Reines », sans que les dévots s'aventurent à protester tout haut contre un pareil scandale.

2° L'alliance politique du Roi et du Comédien

Le Roi et le Comédien recueillaient cette commune victoire après avoir été alliés étroitement dans la lutte. Quelles furent les raisons de cette alliance ? Quelles secrètes sympathies, ou bien quels intérêts, les avaient associés ?

C'est un enfantillage de prétendre que Louis XIV ait eu le sentiment de servir excellemment la gloire des lettres françaises en accordant sa protection à l'auteur du *Tartuffe*. Du moins ne soupçonnait-il nullement qu'il eût à sa cour le plus étonnant génie comique qu'on eût jamais connu. Ce grand roi aimait à rire ; pour lui les chefs-d'œuvre de Molière, en dépit de Boileau, c'étaient ses farces.

Peu instruit, dépourvu de culture et d'esprit philosophique, il ne paraît guère avoir été doué d'un goût très pur. Épris d'ordre et de clarté, il aimait aussi le brillant et le clinquant. La somptuosité un peu lourde des salons du Louvre, le faste rutilant des fêtes de Versailles, l'éblouissante solennité de l'étiquette de la cour, la magnificence même de palais trop vastes, tout indiquait chez lui le goût de l'ostentation plus que l'amour désintéressé des arts. (1) Mais ce Mécène eut le bonheur

---

(1) Fénelon écrit : « Hégésippe se hâta d'aller prendre Protésilas dans sa maison ; elle était moins grande, mais plus commode et plus riante que celle du roi : l'architecture était de meilleur goût. » *Télémaque.* Livre XI. p. 105. de l'édition Hachette. Fénelon fut le plus hardi des critiques du règne de Louis XIV.

singulier de savoir s'entourer d'une pléiade d'artistes de génie dans tous les ordres. Là réside sa
vraie gloire. Il n'en est pas moins vrai qu'ayant
demandé à Boileau quel était, selon lui, le plus
grand écrivain du siècle, Louis le Grand fut stupé-
fait de s'entendre répondre que c'était Molière.
« Je ne l'aurais pas cru, » dit-il. Ce mot tranche la
question.

A l'époque du *Tartuffe*, Molière n'était toujours
pour le Roi que le premier farceur de France. Plus
tard, les ballets et l'Opéra qui flattaient davantage
le faible du Roi-Soleil pour tout ce qui parle aux
yeux et aux sens, finirent par lui faire délaisser
presque la comédie : il est permis de penser que
Molière est mort à temps : il eût peut-être, vivant
quelques années de plus, connu la disgrâce.

Expliquer l'attitude du souverain par sa seule
sympathie personnelle à l'égard de Molière, c'est
mal connaître les grands en général et Louis XIV
en particulier. Ce dernier a fait preuve, en toutes
occasions, d'un égoïsme sans défaillance. Ni les
services rendus, ni les inclinations du cœur ne
purent le fléchir dans les affaires où son pouvoir,
son orgueil ou ses passions étaient intéressées. Si
donc il a protégé Molière avec une si extraordi-

naire constance, on peut croire que le poète servait
ou sa politique ou ses caprices, ou plutôt les deux
en même temps.

On a souvent reproché à Molière des complai-
sances, scandaleuses, même pour le temps. Certes,
le comique était courtisan. Il le devait être ; ses
intérêts de chef de troupe l'y obligeaient. Et d'ailleurs qui n'était courtisan à une époque où le Roi
pouvait dire en toute vérité : « L'Etat c'est moi ? »
Passons condamnation sur les flatteries de Molière.
Au surplus celui-ci, en poursuivant les Dévots, ne
pensait pas seulement à débarrasser son Maître de
censeurs gênants, comme M. Brunetière a voulu
le faire croire, il était convaincu de servir l'Etat et
de confondre des factieux.

La Compagnie du S. Sacrement n'était pas seulement une cabale religieuse, elle était aussi une
cabale politique. L'Index des *Annales* de d'Argenson,
comme celui des lettres de décès ou autres adres-
sées par la Compagnie de Paris à celles de province,
comme celui des procès-verbaux des Compagnies
dont on a pu avoir connaissance jusqu'ici, démon-
trent que la Cabale a recruté ses adhérents, en
grande partie, parmi les hommes qui ont joué un
rôle politique, et un rôle d'opposition, vers le

milieu du XVIIᵉ siècle. Ses amis du dehors sont également des agents ou des instigateurs de la Fronde.

Quels sont les instruments dont Madame la Princesse se sert pour fronder les « Importants »? Monsieur Vincent, Liancourt et Montaigu, tous trois de la Cabale. Qui est le chef du parti des Saints? Monsieur Vincent et le P. Lambert, membres de la Compagnie. Vincent de Paul et Olier travaillent ensemble, ou chacun de leur côté, dans le même sens. Ils favorisent, durant la Fronde, et Condé et le duc d'Orléans, contre le cardinal « simoniaque et sacrilège ». Ils l'eussent volontiers remplacé par Lamoignon, confrère éminent. (1).

Les deux tiers des membres de la Compagnie étaient du parti anti-mazarin. Un grand nombre de pamphlets qui criaient au public la désolation de la religion et la misère du royaume étaient rédigés par elle. Beaucoup de Mazarinades n'avaient probablement pas d'autre origine. (2).

---

(1) Cf. Abbé Maynard : *Saint Vincent de Paul*, 1860 et les *Lettres* du Saint, 1880. — Faillon : *Vie de M Olier*, 1873, et les *Lettres* du curé de St-Sulpice. 1885.

(2) Cf. Rebellliau : *Rev. des Deux M.*, 15 août 1908.

Aussi Mazarin, de tout temps, a-t-il détesté les Dévots :

« Tous ces prétendus serviteurs de Dieu sont en réalité des ennemis de l'Etat. Dans le temps d'une régence, parmi tant de mauvaises intentions du peuple, des grands, des Parlements, et quand la France a sur les bras la plus grande guerre qu'elle ait jamais soutenue, un gouvernement fort est absolument nécessaire. Cependant la reine chancelle, elle hésite entre tous les partis, elle écoute tout le monde, et tandis qu'elle communique à ses confidents les conseils que je lui donne, elle ne me dit rien de ceux que lui donnent mes ennemis...» (1).

Ses ennemis il explique plus loin qui ils sont, ce sont « les couvents, les moines, les dévots et les dévotes... »

Le cardinal ministre était hanté par la crainte d'une fronde cléricale. La conversion de Conti l'inquiéta au point qu'il songea à mettre à la Bastille M. de Ciron qu'il accusait de fomenter des cabales dans Paris.

« C'est, aurait-il confié à Cosnac, un janséniste qui fait des cabales dans Paris sous prétexte de

---

(1) Journal des Savants, 1855, pp. 41-42.

dévotion. M. le prince de Conti et la princesse ne se conduisent que par ses ordres. »

Ceci se passait en mai 1657. En août de la même année l'irritation de Mazarin était aussi vive et Ciron était considéré comme « un hérétique et un intéressé » par le Cardinal qui, dès lors, tramait l'extermination des dévots.

Lorsque le Prince de Conti demanda son affiliation à la Compagnie de Paris on savait si bien que le cardinal l'avait pris en horreur, qu'on fut très inquiet de cette affiliation imprudente. On ne pouvait la refuser cependant. Elle eut lieu le 1er juillet 1660. Le cardinal ne put l'ignorer; il avait alors ses fiches sur les confrères : Lamoignon y est ainsi qualifié :

« Sous l'affectation d'une grande probité et d'une grande intégrité, cache une grande ambition, conservant pour cet effet une grande liaison avec tous les dévots de quelque parti et cabales que ce soit. » (1)

Garibal, qui fut un des directeurs de la compagnie est :

---

(1) Depping. Correspondance administrative de Louis XIV. T. II, p. 33.

« un des chefs de la cabale dévote, d'une humilité fastueuse et d'un esprit assez facile dans l'emploi de sa charge. »

Un troisième, Barin de la Galissonnière, est :

« un bel esprit, savant et peu intéressé, de la
cabale dévote. » (1)

Si la Reine-Mère essayait de défendre les dévots :

« Il est vrai, Madame, disait Mazarin, qu'ils
n'ont rien fait de mauvais jusqu'à présent..... ils
en peuvent faire par leurs grandes intrigues et les
correspondances qu'ils ont par toutes les villes du
royaume. En bonne politique pareille chose ne
doit point se souffrir dans un état. »

Et le cardinal ministre se demandait ce qu'allait faire le marquis de Fénelon quand il parcou-
rait tout le royaume pour y établir des compa-
pagnies et organiser des missions. Il trouvait fort
mauvaises ces réunions secrètes de la noblesse et
finalement décrétait que « tous ces dévots étaient
intéressés et ambitieux. »

Colbert, qui fut l'élève et l'héritier politique de
Mazarin, partagea la défiance de son maître à l'en-

---

(1) Fiches reproduites par Allier d'après les Man. de la
Bib. nat. nᵒˢ 4171 et 4589.

droit de la Cabale. En 1657 il constatait avec colère que le zèle des dévots du faubourg Saint-Germain lui suscitait de terribles embarras diplomatiques. En 1661, devenu secrétaire des conseils de Louis XIV, il se retrouva aux prises avec les mêmes adversaires et les mêmes ennuis. (1)

Qui soutient Fouquet poursuivi par Colbert et sacrifié par Louis XIV ? Les dévots : Fabert, Olivier, Le Fèvre d'Ormesson, l'abbé Claude Joly, le premier président Lamoignon lui-même, « engagé fort avant dans la cabale des dévots », ainsi que le note Colbert.

Qui contrarie toute la politique de Colbert et de Hugues de Lyonne à l'égard du pape Alexandre VII ? La cabale des Dévots : Vincent de Meur, Grandin, régent de la Sorbonne, Abelly, Bossuet, d'Albon, La Mothe Fénelon, tous membres de la Compagnie du Saint-Sacrement. (2)

J'ai, plus haut, fait allusion à un incident qui se produisit à la Sorbonne en 1663. (3) Le syndic

(1) Jean Boilisle : *Mémoriaux du Conseil du Roi de 1661.*
(2) Cf. Rebelliau. *Rev. des Deux M.* nov. 1909.
(3) Cf. *Journaux* de Deslions p. 342. *Mémoires* du P. Rapin III. p. 195. Le P. Gazeaux. *Louis XIV, Bossuet et la Sorbonne en 1663.* (Et. Relig. juin 1869). Gérin : *Rech. sur l'Assemb. du Clergé de 1482,* P. 1870.

Grandin favorisa de la façon la plus évidente les doctrines ultramontaines relatives à l'infaillibilité du Pape. Louis XIV considérait ces doctrines comme extrêmement dangereuses pour sa propre autorité. Il ne voulait pas que le Pape au nom de l'infaillibilité pût prendre fantaisie de le déposer quelque jour. Il fallut bien que le confrère Lamoignon, confrère du Saint-Sacrement condamnât Grandin, autre confrère, cependant qu'un troisième confrère, Bossuet, le futur apôtre du gallicanisme et de la royauté de droit divin, optait en cette querelle contre le Parlement pour la Sorbonne. L'affaire dura longtemps, il fallut près de quatre mois pour que Grandin s'inclinât (4 avril). Or, le même jour, une nouvelle thèse était soutenue au collège des Bernardins et le syndic dut comparaître de nouveau devant le Parlement où Lamoignon se montra fort dur pour lui. Il lui reprocha « d'avancer de mauvaises doctrines ou d'en altérer de véritables », ajoutant que « la justice ne pouvait laisser la liberté de faire un si grand mal ». Séance tenante Grandin fut suspendu de ses fonctions.

On a pu voir par les textes déjà cités dans les chapitres précédents combien les confrères et leurs amis sont attentifs à se défendre de cette accusation d'avoir travaillé contre le bien public et contre la politique royale. Dans presque tous les documents on trouve notée cette accusation. La politique de Louis XIV était une politique « *anticléricale* » ni plus ni moins que celle de M. Combes. Mazarin faisait de l'anticléricalisme parce qu'il considérait la Cabale des dévots comme une sorte de « ligue cléricale ». Colbert faisait de l'anticléricalisme parce qu'il considérait la Compagnie du Saint-Sacrement, définitivement dévoilée, comme un « nid de factieux ».

Ce sont des raisons d'Etat qui conduisirent Colbert à reprendre des poursuites contre la Compagnie et à la disperser cette fois efficacement en 1666. Et c'est ainsi que Molière, avec Louis XIV et avec le gouvernement royal, fit œuvre non pas antireligieuse mais anticléricale : il fut certainement convaincu qu'en composant son *Tartuffe*, il ne se montrait pas tant bon courtisan que bon citoyen et fidèle sujet, ce qui, à cette époque, était exactement la même chose.

CONCLUSION

La Philosophie de Molière.

Ces considérations devraient conduire une critique dégagée de tout parti-pris d'ordre politique, philosophique ou religieux, à modifier sensiblement les doctrines couramment admises, depuis un certain nombre d'années, touchant la philosophie de Molière. L'interprétation de plusieurs des ouvrages du comique devrait en être également réformée. Peut-être même serait-il temps qu'on en refît de nouvelles éditions critiques.

On commet de continuels contre-sens au sujet du *Tartuffe* par exemple, si l'on ne tient pas compte de ce fait que les dévots constituaient un parti d'opposition. Si M. Brunetière y avait pris garde, il n'aurait pas affirmé qu'il ne pouvait se trouver d'hypocrites à la Cour de Louis XIV, parce que l'hypocrisie, alors, ne devait mener à rien. Un tel raisonnement dénote, à vrai dire, un étrange état d'esprit chez un écrivain. qui se disait adversaire de la critique « impressionniste » et faisait profession de n'admettre qu'une. critique « objective ». Ne devait-il pas, dans ces conditions, considérer *Tartuffe* comme un *document* attestant l'existence d'un clan d'hypocrites ou d'une cabale formée de gens ouvertement taxés d'hypocrisie ? Si l'existence de cette cabale coïncidait, dans le temps, avec les débauches de Louis XIV, était-ce une raison de nier les faits ? Non, mais c'en était une de chercher, dans l'histoire, et non dans des préférences doctrinales, les raisons de cette coïncidence. Nul doute qu'un esprit avisé, comme l'était M. Brunetière, ne les eût aisément découvertes.

Vainement objectera-t-on qu'à proprement parler, les confrères du Saint-Sacrement sont des fanatiques plutôt que des hypocrites. Il est possible qu'au regard de l'historien impartial, la sincérité de la grande majorité d'entre eux ne soit pas mise en doute. La question se posait tout autrement pour les contemporains. La sincérité d'un fanatique est toujours difficile à apprécier. Quel moyen avons-nous de discerner où commence et où finit le zèle désintéressé, pour faire place à l'ambition ou à l'intrigue? Qui nous dira si, au moment où les « faux-zélés » commettaient des excès de zèle capables de révolter les plus honnêtes gens, ils n'étouffaient pas en eux quelque révolte de leur conscience? Si leur prosélytisme les poussait à user systématiquement de la médisance, ou de la calomnie, de quel nom qualifier les raisons ou les sentiments spécieux dont s'armait la Cabale pour former la conscience de ses membres? A supposer enfin que la généralité des dévots — j'entends naturellement les sectateurs du parti dévot — fussent effectivement d'honnêtes gens, à qui fera-t-on croire que leurs aveugles partis-pris ne favorisaient pas l'éclosion d'une légion d'hypocrites? Tous les dévots n'étaient pas des Tartuffes; mais assurément la dévotion abritait sous son manteau un certain nombre de ces monstres.

Et d'ailleurs, Molière indique clairement qu'il est des dévots de bonne foi. On lui reproche précisément de ne pas s'en être pris seulement aux Tartuffes, qui sont des aventuriers, donc des exceptions dans la secte des dévots, mais encore aux Orgons qui sont, en somme, des gens sincères et d'honnêtes gens. Est-ce que Molière doute de la sincérité d'Orgon ? Pas le moins du monde. Orgon n'est nullement hypocrite. Mais, après avoir été un fidèle serviteur de son pays, il s'est converti, non à la religion, mais à la dévotion, c'est-à-dire au parti des Dévots. Cette conversion l'a jeté dans l'opposition. Orgon est devenu un mauvais citoyen par là même qu'il s'est enrégimenté dans la Cabale des « mauvais français » : je trouve le mot dans un rapport de police du temps. Et par là-même il méritait d'être l'objet des satires d'un auteur comique tout dévoué à son Roi.

Entre les dévots de La Bruyère, Onuphre compris, et ceux de Molière, qu'ils soient Tartuffe, Orgon ou Don Juan, la différence capitale est, sans doute, que les premiers sont dans le ton de la mode (1) et font leur cour au Maître en le singeant, tandis que les seconds font profession de fronder et la mode et le pouvoir. Les premiers sont, jusque dans le crime, attentifs à respecter la légalité, ce sont gens prudents : ils ne s'attaquent qu'à la ligne collatérale. Les seconds, inféodés à un parti de factieux, sont comme nous dirions aujourd'hui, quelque peu anarchistes ; étant fana-

_____

(1) Le portrait d'Onuphre figure au chapitre *De la Mode.*

tiques ils sont violents ; habitués à se moquer des usages et de l'autorité, ils sont capables, s'ils versent dans le crime, des pires excès et des plus énormes imprudences: ils osent s'attaquer à la ligne directe. De Tartuffe à Onuphre, il y a précisément la différence que l'on peut voir aujourd'hui entre les « meneurs », qui se nourrissent aux dépens des minorités agissantes, et les « aventuriers », qui exploitent les majorités jouisseuses. Ou si l'on veut, Tartuffe et Onuphre sont des parasites : le premier s'attachait aux dévots « arrivistes » ; le second le remplace et se repaît aux dépens des mêmes dévots, alors qu'ils sont devenus des « arrivés ».

Ainsi, semble-t-il, est résolue par la négative la question de savoir si Molière s'est attaqué à la religion elle-même. L'opinion de M. Brunetière sur ce point est devenue une sorte de dogme. La philosophie de Molière ne serait, selon lui, qu'une perpétuelle apologie de la nature et de l'instinct. Le comique n'aurait jamais dirigé sa satire que « contre ceux dont le vice ou le ridicule est de masquer, d'altérer, de comprimer ou de vouloir contraindre la nature ». Quant aux vices qui « opèrent dans le sens de l'instinct, comme l'ambition ou la débauche, on ne voit pas qu'il ait eu l'intention de les attaquer jamais ».

La principale preuve qu'apporta l'éminent critique en faveur de ces affirmations, consiste en d'ingénieuses citations de Montaigne et de Rabelais; car, pour ce qui est de ses conjectures historiques sur l'inexistence des hypocrites à l'époque du *Tartuffe*, on a déjà constaté leur inanité. Quant aux exemples tirés de l'œuvre de Molière elle-même, et quant à l'interprétation qu'il plaît au critique de leur donner, il semble bien que le terrain n'en soit pas beaucoup plus solide.

En quoi, par exemple, les railleries contre les médecins peuvent-elles constituer une apologie de la nature? De ce qu'on perçoit ce qu'il reste, dans la médecine d'aujourd'hui encore, de conjectural, ou même de charlatanesque, sera-t-on taxé d'irréligion, de scepticisme ou de matérialisme? Lorsque M. Brunetière a proclamé la faillite de la science (non, comme on l'a dit quelquefois, dans son domaine propre, mais dans celui de la morale ou de la sociologie) soutenait-il une théorie si éloignée de celle de Molière? Tous deux ne professent-ils pas que la science n'est en aucune façon susceptible de procurer, par elle-même, le bonheur à l'humanité ?

En quoi Agnès, encore, est-elle un exemple que Molière propose à notre admiration ou à notre imitation ? Et pourquoi veut-on que la morale soit en péril si cette jeune fille ne nous est pas antipathique ? Est-elle responsable de l'éducation qu'on lui a donnée ? De ce qu'on la plaigne, s'ensuit-il qu'elle soit moins dangereuse ou moins inquiétante en son ingénuité ?

Précisément, la grande leçon de l'*Ecole des Femmes* semble bien être qu'il faut éviter de s'en fier à la nature et à l'instinct du soin d'instruire les jeunes filles, touchant leur rôle futur dans l'organisation sociale. Molière professe qu'il existe un problème de l'éducation des filles, en vue de leur préparation au mariage, et que ce n'est pas résoudre la question que de tenir les futures épouses dans l'ignorance absolue des termes de ce problème. C'est même s'exposer, selon lui, à de graves mécomptes, parce que la nature et l'instinct sont, en ces matières, des guides dangereux, lorsqu'ils ne sont pas éclairés par l'expérience et la raison. Apologie de l'instinct ? Nullement. Mais apologie du bon sens.

Quant à faire grief au poète de ne pas avoir attaqué la débauche, on pourrait répondre que la comédie n'y est guère accoutumée; que cette tâche n'est pas aussi facile à un poète comique qu'à un prédicateur; qu'enfin un pareil sujet n'était guère abordable au comédien préféré de Louis XIV: il ne faut pas, dit-on, parler de corde dans la maison d'un pendu. Cette tâche difficile, Molière est, cependant, l'un des seuls comiques qui aient osé effectivement l'aborder. Car il n'est guère au monde de satire plus virulente de la débauche que le *Don Juan*.

Pour l'ambition, si elle n'a pas fait le sujet d'une comédie particulière, nombreux sont les vers, les tirades, les allusions satiriques contre les ambitieux, que l'on pourrait extraire de l'œuvre de Molière, notamment du *Tartuffe*, du *Don Juan* et du *Misanthrope*. S'il est vrai enfin que toutes les pièces contre la « Cabale des Dévots » étaient en même temps dirigées contre une cabale politique, cela ne devait-il pas satifaire M. Brunetière ?

En toute bonne loi, je ne vois qu'un seul argument qui permette de supposer que Molière ait été, lui aussi, un libertin, non un libertin doctrinaire, un athée, un irreligieux de principe, mais enfin un homme peu enclin à accepter les austères

doctrines des fervents chrétiens. Il n'était guère
plus convaincu de l'efficacité de la grâce, dans le
domaine moral, que de celle de la médecine, dans
l'ordre physiologique. De par sa profession et en
raison de la liberté de ses mœurs, il ne pouvait
goûter les sévérités de la morale chrétienne touchant « le vice de l'impureté », pour parler comme
les livres d'édification.

Cependant il faut ici encore faire des réserves.
On se plaît à ne voir dans le christianisme que le
principe de mortification, de pénitence. Il s'en
faut que le courant d'ascétisme, indéniable d'ailleurs, qui se discerne dans toute l'évolution du
christianisme, explique à lui seul toute cette évolution. Encore faut-il distinguer les époques. Au
milieu du XVIIe siècle le cartésianisme modifiait
sur ce point l'opinion de plus d'un théologien.
Bossuet, si je ne me trompe, s'érigera lui-même
contre l'idée qu'il faille détruire les passions. Il
les faut diriger au contraire, car étant dans notre
nature, elles sont de Dieu en leur principe et peuvent servir à sa gloire.

On trouve bien plus nettement encore, la trace
d'une réaction contre l'ascétisme primitif du christianisme, chez un prêtre contemporain de Molière.

Cet ecclésiastique était très pieux, il était affilié à la Compagnie du Saint-Sacrement. L'abbé Colas de Portmorand avait fondé pour les jeunes gens des deux sexes une maison d'éducation, qui devait être en même temps une maison de correction et de réhabilitation pour les filles pécheresses ayant failli « par une passagère et secrette fragilité ». Il écrivit, à cette occasion, un livre où il exposa ses principes de pédagogie. Ces principes sont fort curieux. « On maîtrise fort facilement, disait-il, la gourmandise parce qu'on lui accorde toujours quelque chose. Mais on ne veut rien céder à la concupiscence, on veut la mâter tout à fait. On a tort : la Nature a de merveilleuses industries et des ressorts inexplicables pour trouver son compte tôt ou tard, de façon ou d'autre ».

Et Portmorand pour le prouver dénonçait les « débordements » aussi fréquents chez les personnes en religion que chez les laïcs.

« Il faut donc, concluait-il, satisfaire les sens en quelque mesure, leur donner à propos la curée, pour empêcher qu'ils ne deviennent faméliques et gloutons ». Surtout il ne faut plus flétrir « l'œuvre de chair du nom de vilenie, d'abomination et d'ordure », mais « relever à tout prix le sacrement de mariage de la poussière et de l'opprobre où le diable l'a mis. »

Il faut cesser de présenter la femme comme l'essentiel obstacle au salut et se souvenir de la doctrine de saint Paul disant : « Le Créateur n'a-t-il pas créé délibérément la femme et créé du même coup la tendance affectueuse et nécessaire que les deux sexes doivent avoir l'un envers l'autre ? » L'abbé Colas enfin, invoquait l'exemple du Sauveur lui-même, qui a prouvé par sa vie qu'il n'était pas venu « pour retrancher la civile conversation entre les sexes, les écarter, effaroucher et obliger de vivre en sauvages et en ennemis ».

Le livre de l'abbé Colas a été écrit en 1644. Il n'importe qu'il ait été condamné et que son auteur ait été exclu de la Compagnie du Saint Sacrement. Car ceux qui condamnèrent l'ouvrage reconnurent l'insigne piété de l'auteur. Ce ne sont donc pas les seuls libertins qui protestaient contre les excessives rigueurs des dévots, mais, bien, ainsi que l'assurait Molière, de vrais et sincères dévots. La doctrine de l'*Ecole des Femmes*, pas plus que la satire du *Tartuffe* contre les dévots, n'est une preuve péremptoire de l'impiété de leur auteur.

Si l'on veut absolument que chez le comédien il y eût l'étoffe d'un libertin, c'est là une chose possible. C'est donc cette tendance de son esprit qui lui insuffla le courage d'entreprendre sa campagne contre la Cabale des Dévots. Mais on a vu à quel groupe de personnages il a limité sa satire, on a vu comment il s'en est tenu à se faire l'écho de l'opinion générale. Si donc il a voulu déconsidérer la religion tout entière, c'est que tout le xvii: siècle, le roi et ses ministres, la majorité de la Cour, un grand nombre d'évêques, les principaux salons, presque toute la bourgeoisie et une grande partie du peuple étaient animés d'un pareil dessein. Le prétendre serait une folie.

En réalité on se trompe parce qu'on part d'un principe faux. Molière ne s'est nullement soucié de faire l'apologie de la nature et de l'instinct. Ses raisonneurs ne parlent pas au nom de la nature en tant qu'elle représente l'ensemble de nos instincts primitifs, mais au nom de cette nature supérieure, qui désigne la raison et le bon sens, et qui est tout justement le contraire de l'instinct.

Si l'on objectait que le bon sens n'est pas un principe de morale, on pourrait répondre que Molière ne s'est pas autrement préoccupé de cons-

...ire un système de morale. Il est aussi peu que
possible un philosophe spéculatif et par conséquent
n'a pas de système. Il est très peu moraliste, si l'on
veut réserver ce nom à ceux qui font profession
de résoudre des cas de conscience personnels.
Mais il est, excellemment, ainsi qu'il convient à un
auteur comique, un moraliste sociologue. Ce qui
l'intéresse, en dehors des polémiques d'actualité,
c'est d'accorder les actions humaines avec les
exigences de la vie sociale. Il se préoccupe d'ap-
prendre aux hommes le moyen de trouver le
bonheur dans le cadre de la société et particulièrement dans celui de la famille qui en est la cellule
essentielle. (1).

La première condition qu'il en indique c'est que,
si l'on veut n'être ni ridicule, ni odieux, ni dangereux pour la société, ni malheureux, pour soi-
même, on doit résister aux suggestions de l'instinct qui nous pousse à l'individualisme, et
écouter la voix de la raison, du sens commun,
qui nous rendent seuls sociables, qui seuls nous
apprennent à vivre selon les mœurs de notre

---

(1) Le degré de répercussion des vices et des travers sur
l'organisme familial marque pour Molière le degré d'immoralité, de nocivité ou de ridicule qu'ils comportent.

temps, à ne pas retarder sur elles, à ne pas les devancer non plus.

Pour Molière, la définition de l'homme n'est pas seulement : « Un animal raisonnable », mais : « un animal raisonnable et *sociable* ». L'animal, c'est-à-dire l'instinct, doit être soumis à la raison individuelle, mais celle-ci doit être elle-même ordonnée en vue du développement de la sociabilité et subordonnée, pour la pratique de la vie, au bon sens qui régit les rapports sociaux. La religion, en tant qu'elle est un organisme vital de la société, telle que la conçoit le XVIIᵉ siècle, est donc éminemment respectable. Et parce que Molière est, à un degré rare, représentatif de son temps, je crois que son indignation contre le libertinage de Don Juan est parfaitement sincère : il croit à la nécessité d'un culte d'Etat.

Mais si la religion devait conduire un homme à n'être plus ni raisonnable, ni sociable, Molière n'hésiterait pas à le vouer au malheur et au ridicule, comme il abandonne au ridicule et à la solitude l'honnête homme selon le monde, si son honnêteté se montre insociable. Orgon est honnête et sincèrement dévot, mais « abruti » par l'esprit de la « secte » jusqu'à perdre toute notion du sens

commun et jusqu'à ne plus reconnaître aucun de
ses devoirs sociaux : ni ses devoirs de citoyen, ni
ses devoirs de père ou d'époux ; il mérite par là
d'être la dupe d'un Tartuffe. Ainsi Alceste, incapable de modérer ni les excès de sa bile contre l'injustice, ni les éclats de sa jalousie contre la coquette
Célimène, tout honnête homme qu'il est, mérite
de terminer ses jours au désert.

Voilà dans quel sens on devrait, semble-t-il,
s'orienter pour découvrir la véritable philosophie
de Molière. Il la faudrait l'éclairer à la lumière de
l'histoire, non, comme on l'a fait souvent à la
lueur falote de la seule biographie de l'auteur ou
de la chronique anecdotique du temps. Certes,
Molière n'a pas écrit une œuvre purement imper-
sonnelle. Il y a mis beaucoup de son cœur et de
ses pensées, sans cependant prendre, à la manière
romantique, le spectateur pour confident de ses
peines ou de ses joies. Mais cette lueur là n'éclai-
rerait qu'un aspect de son œuvre. Il y faudrait la
grande lumière de l'histoire sociale de l'époque,
de l'histoire des mœurs, de l'histoire de la religion,
de l'histoire politique aussi, beaucoup plus mal
connue qu'on ne le croit.

Ce serait une œuvre considérable. Il est plus

facile d'extraire des notes de Rabelais, de Montaigne ou de Bossuet. Confronter des faits suppose un travail long, pénible, un effort patient, souvent suivi de déboires. Si l'on ne veut que paraître érudit, il suffit de citer des textes littéraires et de les rapprocher avec ingéniosité, de façon à se procurer l'occasion de spirituelles saillies. Et puis ce procédé est si commode à quiconque a des principes à défendre et des doctrines à proposer ! Je crains qu'il ne se passe de longues années avant que nous ayons un livre impartial et scientifique, objectif enfin, pour parler comme M. Brunetière, touchant la philosophie de Molière. En attendant, contentons-nous des philosophies diverses et contradictoires, qu'il plaît aux critiques d'introduire dans les œuvres du grand poète, suivant les besoins des causes diverses qu'ils défendent.

Ce n'est pas d'ailleurs toujours si désagréable...

Et je ne sais trop si ce livre, que j'ai cru écrire d'un point de vue purement objectif, ne sera pas aussi taxé d'impressionnisme par des auteurs plus érudits ou plus passionnés pour la vérité.

TABLE DES MATIÈRES

CHAPITRE PREMIER.

Justification de l'épigraphe et position du problème 9

1° Molière et La Rochefoucauld 9

2° Les *Maximes* et le *Tartuffe* 14

3° Le Problème du *Tartuffe* 21

CHAPITRE DEUXIÈME.

La Cabale des Dévots devant l'Histoire 29

1° La Compagnie du T. S. Sacrement de l'Autel : sa fondation, son but, ses œuvres 29

2° La Compagnie du T. S. Sacrement de l'Autel : ses méthodes, ses agissements, sa police 41

CHAPITRE TROISIÈME.

La Cabale devant l'Opinion des Contemporains 53

1° Quelques jugements privés 53

2° Scandales et affaires judiciaires 62

3° Un Libelle ecclésiastique 71

CHAPITRE QUATRIÈME.

La Cabale devant l'Opinion des Contemporains *(Suite)* 78

§ unique : Une Satire profane 79

CHAPITRE CINQUIÈME.

Les Griefs de Molière...................... 105
   1° La Cabale contre les « Farceurs ».......... 105
   2° Molière et Conti...................... 115
   3° Le Retour à Paris...................... 124

CHAPITRE SIXIÈME.

Les Hostilités...................... 131
   1° Première Escarmouche (l'*Ecole des Maris*).. 131
   2° Un Succès (l'*Ecole des Femmes*) 139

CHAPITRE SEPTIÈME.

Les Hostilités *(Suite)* 151
   1° Une Défaite (Le *Tartuffe* de 1664).......... 151
   2° Un Duel (Le *Don Juan*).................... 163

CHAPITRE HUITIÈME.

Molière et Louis XIV...................... 177
   1° Le Triomphe de *Tartuffe*.................. 177
   2° L'Alliance politique du Roi et du Comédien. 186

CONCLUSION.

La Philosophie de Molière.................. 197

COLLECTION

DU

LIVRE MENSUEL

DÉJA PARUS

I

CÔTE-DARLY

Monsieur « Sidi »

MÉMOIRES D'UN CHAT

C'est, je crois, le premier volume publié par l'*Edition du livre mensuel. Monsieur « Sidi », Mémoires d'un Chat* est certainement appelé à un gros succès ; non pas seulement par l'originalité du sujet, mais encore par la façon dont il est écrit. Cette étude psychologique prise sur le vif m'a paru tellement exacte, tellement vécue qu'elle m'a réconcilié avec la gent féline pour laquelle je n'ai jamais eu de grandes sympathies. Ce bijou littéraire doit être recommandé à la lecture des jeunes filles... et aussi des personnes qui, comme moi, se sentiraient quelque aversion pour cet animal. C'est d'ailleurs avec cette idée que notre « matou » a écrit ses mémoires : « Je me suis résigné à entrepren-

3

« dre ce travail dans l'espoir que cela incitera peut-être des
« gens qui ne le sont pas encore, à devenir compatissants
« pour nous les frères inférieurs et quelquefois si peu
« inférieurs.

« Que les petits des hommes — il y en a tant de barba-
« res ! — lisent cette histoire d'un bon chat pour qui la
« destinée fut maternelle, et qui leur tend à tous, aux
« bienveillants et à ceux qui le deviendront, une affec-
« tueuse patte de velours. »

Médée.

(L'Écho d'Oran.)

II

Albert LANTOINE

—

La Lanterne

du

Cynique

Enfin voici un penseur !

Ce n'est pas M. Gustave Le Bon qui, comme chacun sait, fait profession de penser, et qui pense, et qui pense. Au reste, il ne faut pas se dissimuler que M. Gustave Le Bon est un penseur lui aussi. Et il suffit presque toujours de s'arrêter au contraire de ce que ses pensées expriment pour être très près de la vérité... Mais j'ai rencontré un penseur qui n'a point la morgue ni la médiocrité de M. Gustave Le Bon et qui se contente de rechercher la sagesse, et qui, après tout, n'est pas très éloigné de la trouver quelquefois. Il s'appelle M. Albert Lantoine et ses pensées sont recueillies sous ce titre : *La Lanterne du Cynique*. Ses pensées constituent des observations sur le temps présent et des conseils pour améliorer les institutions et les hommes du temps présent.

Les observations ne manquent pas d'être fortes et justes. Les conseils partent d'un bon naturel et d'un excellent esprit.

M. Albert Lantoine a écrit une œuvre assez diverse, un peu disparate et il s'est efforcé constamment d'atteindre à l'originalité. Pour cela tous les moyens lui ont paru dignes d'être employés. Et j'ai souvenir d'un incident déjà lointain. C'était le temps où le moindre employé de bureau jouait volontiers les Alcibiade et justement M. Albert Lantoine est peut-être, comme tout le monde, fonctionnaire à l'Hôtel de Ville ou bien ailleurs. Alcibiade Lantoine coupa donc publiquement la queue de son chien qui était un chien de race. Il écrivit une étude intitulée, si je ne me trompe : *Assassinons les vieillards.* Il démontrait fortement que les vieillards sont inutiles sinon nuisibles à la société, qu'ils encombrent sa vie, retardent son mouvement, gênent ses progrès et que, par conséquent, il est convenable de se débarrasser d'eux par des procédés violents... Aujourd'hui, sans doute, une étude de cette nature et traduisant aussi loyalement de pareilles tendances ne pourrait être publiée... Les événements, hélas ! ont mis leur cruauté à nous priver de toute la jeunesse agissante et les vieillards ont repris dans la société la prépondérance. Il est même arrivé qu'ils dominassent dans le gouvernement civil et militaire d'une époque tragique. On a beaucoup parlé avec une sorte de dédain et comme avec un sentiment rageur d'impuissance et d'hu-

6

miliation du gouvernement des vieillards... Le hasard, qui fait toujours admirablement les choses, a voulu que tout finît par s'arranger à la satisfaction générale. que les vieillards y trouvassent quelque glorieux avantage et que le très spirituel vaudevilliste Alfred Capus fut amené à se charger de couronner la tragédie en conduisant par la main M. Clémenceau à l'Académie française —à l'Académie française où M. Clémenceau est le plus jeune de tous !...

Bref. aujourd'hui le véhément et pourtant flegmatique paradoxe de M. Albert Lantoine serait inopportun. A l'époque même où il se produisit non sans verve, il ne causa aucune joie à Sarcey. Sarcey commençait d'avancer en âge et il se considéra comme visé personnellement par le projet de M. Albert Lantoine, et il prit donc la défense d'une catégorie de citoyens auxquels, un certain nombre d'années plus tard. l'institution seule de la carte de pain devait faire sentir leur infériorité alors qu'ils recevaient des circonstances les plus éclatantes compensations et même des privilèges à peu d'autres pareils ! Bref, Sarcey se tint alors pour offensé ; il entra dans une fureur extrême qui le poussa à écrire un article de plus, car les fureurs extrêmes des publicistes ont souvent de graves conséquences ; il fit appel au bras séculier et c'est tout juste si M. Albert Lantoine ne fut pas poursuivi pour provocation au meurtre.

Les années passèrent ; les vieillards ne furent pas assassinés ; M. Albert Lantoine renonça pour un temps à jouer les Alcibiade et je suppose qu'il obtint de l'avancement dans son administration.

* *

Mais déjà vous jugez le fond et aussi la forme d'un esprit singulier et sérieux et dont je dirai en outre qu'il est ferme et courageux.

Seulement M. Albert Lantoine s'exagère un peu l'audace de sa sagesse. Depuis que Sarcey est mort, si j'ose dire, il devient tout à fait normal d'imiter Diogène et il en sera ainsi tant que Sarcey sera mort. M. Albert Lantoine dédie son livre, *La Lanterne du Cynique,* à Diogène son maître. Et il le loue dans sa dédicace d'avoir méprisé les grandeurs et la richesse. A l'heure actuelle, mépriser les grandeurs et la richesse, pour peu qu'on ait de tact et de pondération, c'est un moyen d'obtenir l'une et les autres. Et on·ne court plus ces risques auxquels Diogène se flattait de n'avoir aucun instant échappé durant les quatre-vingt-dix années. de son existence... Diogène n'était-il pas déjà complaisant à se sentir persécuté : « Toutes les imprécations des tra-giques, affirmait-il, se sont concentrées sur moi, car je suis exilé, sans patrie, sans habitation, errant, mendiant mon pain et vivant au jour le jour, mais une constance me met au-dessus des rigueurs de la fortune. » Je crois qu'aujourd'hui, les rigueurs de la fortune ne seraient pas particuliè-rement réservées au philosophe Diogène et c'est peut-être parce que nous sommes devenus enclins à négliger ce que disent les philosophes. Et c'est peut-être aussi parce que les pensées mêmes de Diogène sont devenues à peu près des lieux-communs.

Il serait bien surprenant que M. Albert Lantoine évitât complètement le lieu-commun puisqu'il s'attache à penser à la façon de son maître Diogène... Mais le lieu-commun a son prix et comment ne pas célébrer M. Albert Lantoine pour ce qu'il a voulu restaurer parmi nous la pure morale des philosophes cyniques ? Et je suppose que, encore que M. Albert Lantoine se réclame de Diogène avec quelque affectation et non pas d'Antisthène, Antisthène qui était si rude à Diogène serait accueillant à M. Albert Lantoine. Puisse M. Albert Lantoine, digne d'un si bon maître, rencontrer, dans la foule ardente à reconstituer la société selon la justice, beaucoup de bons disciples dignes de lui !

*

La justice ! M. Albert Lantoine est très préoccupé de la façon dont elle s'exerce. Cette préoccupation part elle aussi d'un bon naturel et à l'heure présente où — de nombreux discours en témoignent — on a dessein d'améliorer l'existence des individus dans la société, il ne messied pas de vouloir assurer d'abord un meilleur exercice de la justice.

M. Albert Lantoine a été juré, et il s'autorise de cela pour philosopher. Il n'est pas le premier à qui pareille aventure arrive, j'entends de philosopher après avoir été juré. Mais il philosophe à bon escient.

Et il trouve la formule exacte qui explique les erreurs ou les imperfections de la justice :

« Le juré n'est pas le serviteur de la loi, mais de la société. »

Oui, certes. On fait tout ce que l'on peut, néanmoins, et l'on peut beaucoup pour que le juré soit, en l'affaire, le défenseur de la société plutôt que de la loi. Ainsi on met les jurés au courant des antécédents judiciaires de l'accusé. Pourquoi ? Les jurés n'ont pas à déterminer le châtiment, mais à apprécier seulement la culpabilité. Que la Cour tienne compte de la récidive pour l'application de la peine, soit. Mais n'est-il pas préjudiciable à la justice, à la vraie, à la brave justice que cette récidive soit divulguée d'avance à ceux qui sont chargés de déterminer civiquement le fait ? Est-ce que, ainsi, on ne les entraîne pas comme systématiquement à croire à la culpabilité d'un homme qui a eu le tort d'être coupable autrefois ?

Bref, tout conspire à faire que le juré s'enquière surtout du degré d'antisociabilité de l'accusé, du danger que l'accusé représente pour la société. Et les malheureux n'ont pas de chance. Il leur est particulièrement difficile d'éviter le plus grand péril pour les hommes au cœur pur, qui est de devenir des misérables. Hélas ! la sagesse des nations, qui détermine le sens des mots, a bien compris le sort des malheureux et le péril qui se fait pour eux particulièrement menaçant puisqu'elle a donné les deux sens au mot misérable, et que le misérable est pour elle un homme très malheureux et, tout de même, un homme qui a péché fortement contre la société.

Et le plus grave est non pas seulement que, comme le dit M. Albert Lantoine, « le malheur prédispose aux actes défendus », mais encore, mais surtout, que les hommes chargés d'administrer la justice soient par avance persuadés que si l'homme prévenu d'avoir commis un délit ou un crime est un malheureux, il est, en effet, bien plus probable qu'il l'a réellement commis...

M. Albert Lantoine constatera longuement avec une sorte d'insistance appuyée qui veut être sceptique, caustique, sarcastique et qui est pitoyable et quasi-douloureuse ce penchant de tous les serviteurs de la justice. Ceux-ci sont fort disposés d'ailleurs à être un peu pharisiens. En outre il leur est malaisé de tenir pour défectueux le système dont ils vivent. C'est ainsi.

Le pis est que les foules deviennent volontiers complices de ceux qui abaissent la justice à n'être plus qu'une organisation tutélaire pour la quiétude sociale des gens heureux.

Et qu'est-ce que la justice pour les foules elles-mêmes ?

« Il n'y a point de choses justes ou injustes. Un philosophe ancien l'a dit : il y a des choses utiles ou nuisibles au bien de l'Etat. C'est pourquoi nous accommodons la justice selon notre sentiment de membre d'une société dont les intérêts peuvent varier. Tu me cites le fameux mot de Lamennais : « Quand je pense qu'il y a des hommes qui osent juger des hommes, je suis épouvanté et un grand frisson me prend. Mais ce ne sont pas des hommes qui jugent des hommes. Ce sont de bons citoyens qui jugent de mauvais citoyens. Si les premiers avaient suivi la même existence que les autres, peut-être ne seraient-ils pas demeurés aussi honnêtes ? C'est possible. »

Parfois, les foules tendent à obéir à leur premier instinct qui est de douceur et de mansuétude. Mais elles sont bien empêchées d'obéir jusqu'au bout. En effet, les juges interviennent. Les juges de profession, les magistrats dirigeant les juges d'occasion, les jurés : « Ce sont alors les juges de profession qui infligent aux juges occasionnels leur mentalité sévère de gardiens de la société. » Ne sera-t-il rien changé à tout cela ? Et l'heure n'a-t-elle pas sonné où il convient d'introduire dans la justice quelque générosité ?...

M. Albert Lantoine ne va pas jusqu'à prêcher l'amélioration des institutions et des hommes. Il dédaigne d'être un réformateur, Il dédaigne du moins de proposer directement des réformes. Il persévère ainsi dans l'attitude de certains écrivains d'une génération que nous avons connue ; et sans doute que les circonstances justifieraient un changement d'attitude et peut-être qu'il serait beau qu'au temps où nous vivons, les écrivains missent leur amour-propre à coopérer énergiquement à la régénération morale de l'humanité !

Non, M. Albert Lantoine ne veut point condescendre à accomplir cette tâche dont l'utilité, dont l'importance même ne saurait être contestée par personne, et dont l'accomplissement n'est point incompatible du tout avec l'épanouissement dans des œuvres immortelles de la beauté littéraire... M. Albert Lantoine demeure, obstinément, le moraliste distant, qui se plaît à souligner le ridicule grimaçant des choses et ne serait pas fâché que l'on pût croire qu'il y reste très indifférent. Et cependant l'esprit apostolique est en lui. Il ne le cache pas si bien que cet esprit ne transparaisse. Et c'est pourquoi les observations de ce psychologue, rudement pénétrant, des âmes et de la société, nous émeuvent.

* *

Elles nous émeuvent même lorsque M. Albert Lantoine s'amuse à d'agréables paradoxes et raille légèrement, en dépit qu'elles puissent être fort pénibles, les injustices de l'histoire.

M. Albert Lantoine accuse avec beaucoup d'aménité les poètes d'entraîner à l'erreur ou à l'injustice, les foules sans malice.

Personne n'est méchant, mais que de mal on fait !

Les foules sans malice et trop dociles ! Et ces erreurs ou ces injustices lui paraissent les plus plaisantes du monde.

Il se rit de ce que Athalie fut une reine digne d'éloges, comme l'a prouvé M. René Dussaud et du bon tour que lui a joué Racine... Quant à Lucrèce Borgia !... Eh bien ! Victor Hugo a rajeuni sa gloire. mais ne l'a point embellie. Pour l'éternité, il a chargé cette jeune femme de crimes abominables dont il suffisait de dire que ses parents les plus proches les avaient commis. M. Albert Lantoine rappelle alors, avec un acharnement plein d'humour, les bons témoignages des chroniqueurs, des historiens. des poètes, sur cette femme charmante et désormais calomniée devant les siècles.

« Lucrèce Borgia. au dire de Brantôme. fut « une très honneste dame ». Ne lis pas sur elle les vers enthousiastes de Pierre Bembo. il l'aimait, et l'amour le pouvait aveugler. Mais compulse les chroniques du temps, les rapports d'ambassadeurs, les écrits des poètes. Tous ou presque tous sont unanimes pour célébrer le savoir et les vertus de cette princesse. L'Arioste ne craint pas de la comparer à la Lucrèce romaine. Il n'est pas jusqu'au Loyal Serviteur, ce panégyriste naïf de notre Bayard qui n'égrène à sa louange les épithètes les plus gracieuses. »

Que valent ces témoignages ? La question sera toujours controversée. *Grammatici certant.* Le procès ne sera jamais jugé. Du moins le jugement sera toujours passible d'appel. Certes. il est assez probable que la fille d'Alexandre VI et la sœur de César Borgia. même si elle fut la maitresse de son père et de ses deux frères, ne commit pas toutes les infamies qu'on lui prête bénévolement et que ses mœurs ne furent pas déréglées autant qu'on le dit volontiers... Mais sa réputation est faite devant les foules. Lucrèce Borgia cultiva la poésie et flatta les poètes. Un poète s'est rencontré pour manquer envers elle à la reconnaissance qu'il lui devait bien au nom de ses illustres confrères. Et voilà une irréparable injustice de l'histoire !

Ces injustices énormes pourraient n'être que caricaturales. Et vous me direz qu'il importe médiocrement aujourd'hui que Lucrèce Borgia passe pour avoir été le modèle de toutes les vertus publiques et privées. D'autres injustices sont, si l'on veut, plus criantes. Le fait est qu'elles sont irréparables.

Examinons, s'il vous plaît, le cas de Marat. M. Albert Lantoine l'étudie avec une lucidité apitoyée et féroce. Et comme il a raison de prononcer : « La légende a été créée par les passions et ne peut être ramenée à la mesure de la vérité ».

Marat fut le serviteur incorruptible de la Révolution. Quand il fut mort, on trouva chez lui un assignat de vingt-cinq sols. C'était toute sa fortune. N'empêche que Mme Roland, contemporaine, parle dans ses *Mémoires* du « beau salon doré » de Marat. Il envoyait à la guillotine les agioteurs et les traîtres. Il est pour l'éternité un buveur de sang.

En vain, Fabre d'Eglantine a-t-il démontré, jusqu'à l'évidence, la sensibilité, la bonhomie de Marat. En vain, Esquiros l'a-t-il défendu dans son *Histoire des Montagnards*. En vain d'autres ont-ils tenté une apologie qui

14

n'était qu'une légitime réhabilition. En vain Verlaine a-t-il écrit sérieusement :

Jean-Paul Marat, l'Ami du Peuple, *était très doux*.

Ce vers n'est considéré que comme une épaisse ironie !...

Marat portera toujours la peine d'avoir pris toutes ces responsabilités en étant laid, en étant pauvre, en étant privé autant que possible de défauts charmants. Marat portera toujours la peine d'avoir été assassiné par une belle aristocrate. Marat fut peut-être un héros. C'est toujours sa meurtrière qui sera célébrée comme une héroïne.

Telle est la puissance d'une erreur, d'une injustice ou assurément d'une exagération, qu'on n'a aucun moyen de tenter même un essai de revision. M. Paul Gavault va donner bientôt à l'Odéon, dans ses matinées classiques, la représentation de *Charlotte Corday*, de Ponsard. Ces matinées classiques sont précédées d'une conférence. Le public de l'Odéon est cultivé, a l'esprit critique, est animé du culte de la vérité littéraire. Je défie bien le conférencier d'essayer de prouver avec modération et prudence dans la forme, avec pour le fond, les documents les plus catégoriques, que Marat n'a point commis les crimes dont il est accablé devant la légende, ou qu'il y a des circonstances très atténuantes à ces crimes-là ! Non, voilà une tentative de revision qu'il n'est point expédient de faire et il faut admettre que les conférenciers qui sont des historiens, ne peuvent très facilement remplir leur mission qui est de dire la vérité... Peut-être sera-t-il permis de faire observer qu'au moment où les femmes se flattent d'entrer avec tous les droits dans l'activité politique, Charlotte Corday ne doit pas leur être proposée en exemple. Peut-être, mais avec quelle mesure, avec quelle circonspection, avec quelles circonlocutions que nous appellerons oratoires !..,

Bref, « la raison n'est pas toujours une raison », comme dit M. Albert Lantoine et on peut entendre ce qu'il dit dans tous les sens !

Mais tâchons de lire avec optimisme les méditations opiniâtres de M. Albert Lantoine. Je veux croire qu'il y a quelque optimisme dans son sourire constant, mais constamment réticent. Je veux croire qu'il ne désespère pas de la bonté ni de la justice humaines. C'est le moment où l'une et l'autre doivent régner. C'est le moment.

Je n'ose pas affirmer que M. Albert Lantoine sera un des constructeurs les plus intrépides de la société nouvelle, fondée sur le droit comme sur le devoir. Il nous montre néanmoins et nettement — fût-ce sans le vouloir, — dans quelle direction il faut que s'orientent les hommes de bonne volonté. Et l'occasion est trop rare, pour qu'on la laisse échapper, de passer quelques heures en la compagnie après tout réconfortante d'un homme qui s'efforce de penser librement.

J. ERNEST-CHARLES.

(La Grande Revue.)

Rectification

24, Rue de Navarin (9ᵉ).

Mon cher Confrère,

Je viens de recevoir par l'*Argus* le bel article que vous avez consacré à *La Lanterne du Cynique*. Et il m'a, je vous le confesse, profondément touché, non seulement parce qu'il était de vous et en raison des éloges qu'il contient, mais surtout parce que derrière le « moraliste distant » vous avez su discerner (ce que j'avais cru dissimuler à tous et que vous seul avez senti) : ma fervente pitié que vous appelez « un esprit apostolique ».

Mais je vous en veux d'avoir rappelé la formidable espièglerie qui, il y a vingt ans, excita la colère de Sarcey. Je vous en veux parce que mon article de *La Vogue* n'était pas intitulé *Assassinons les Vieillards !* Oh non ! cette « manière » n'est pas mienne. Il était intitulé *Du Respect des Vieillards.*

Par votre faute je viens de le rechercher, et je veux vous faire sourire encore — comme je souris moi-même au moment où je le relis — pour sa douce férocité.

Cet article débutait par l'énumération des peuples de l'Afrique et de la Grèce ancienne qui « veillèrent à préserver leurs sujets de la décrépitude ». Et j'ajoutais, non pas comme vous le dites qu'il « était convenable de se débarrasser d'eux par des procédés violents ». (Il est bien permis après un tel laps de temps de ne pas conserver l'exacte mémoire de cette petite anecdote littéraire), mais au contraire (Je cite) :

Nous avons tenu à appuyer par des précédents nombreux notre opinion sur la nécessité de mettre à mort les vieillards. Cette mesure serait salutaire à notre société. Certes la rigueur des lois anciennes ne devrait être appliquée, ni la sauvagerie des peuplades lointaines recommandée ; il conviendrait de les conduire au trépas avec délicatesse — par la puissance de narcotiques.....

17

Et c'est même cette « douceur » qui avait indigné Francisque Sarcey dans un de ces petits articles intitulés *Fagots* qu'il publiait alors dans le *Temps*. Non : il n'avait pas été jusqu'à « faire appel au bras séculier », rendons-lui cette justice ! Mais ce fut un de ses derniers *Fagots ;* il mourut peu de temps après — 'ce qui faisait dire parfois à mon excellent maître et ami Naquet : « Je vous présente, M. Albert Lantoine qui a sur la conscience la mort de Sarcey ».

Voilà que vous réveillez mes remords ! Et vraiment vous me devez de publier cette petite rectification car vous m'avez montré sous un jour trop cruel !

Votre très remerciant et admiratif !

Albert LANTOINE.

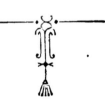

III

Iann Karmor

———

La Revanche
d'Eros

———

La Revanche d'Eros, par M. Iann Karmor (Le Livre
Mensuel, édit), est un roman descriptif. L'affabulation
n'est que l'occasion de descriptions fort intéressantes.
L'incendie de Salonique, du mois d'août 1917, notamment,
est remarquablement décrit. C'est de l'excellent reportage,
alerte, coloré, vivant. Il y a aussi dans ce « roman » de
bonnes marines, vues par un marin, puissantes et sobres.

LES TREIZE.

(L'Intransigeant.)

IV

Dr ROUBY

Les Fées
sont revenues...

« Pour que la Bonté refleurisse dans le cœur des petits
enfants », c'est-à-dire des générations de demain, appelées
à parfaire ce « monde nouveau » qu'on nous prophétise de
tous côtés comme le fruit merveilleux de la Très Grande
Guerre et qui doit, celle-ci ayant été le produit de l'orgueil
et l'explosion de la férocité, être caractérisé par l'épanouissement libre et fécond des plus douces vertus humaines,
c'est-à-dire de celles qui sont les plus divines. Un tel programme est magnifique. M. le docteur *Rouby* apporte à sa
réalisation une contribution plus qu'intéressante, exemplaire, et charmante, et sérieuse, par son petit livre *les*
Fées sont revenues... Il est formé, ce joli bouquin de poche,
de quatre histoires de fées, mais de fées opérant dans notre
temps, sur des montagnes neigeuses, parmi les bûcherons

21

de nos forêts, ou dans nos grandes cités industrielles. Une seule évoque une fée des temps préhistoriques, sur les rives de la Vézère. en ce coin de terre qui est devenu le Périgord ; mais ce n'est qu'apparence, et cette fée aussi accomplit bien de notre temps son gentil et doux ouvrage. M. Lantoine, éditeur du livre, le présente en une vive préface par laquelle il contresigne l'hommage de ces contes « aux enfants ». Mais les pères et même les anciens y trouveront leur compte et leur plaisir. C'est agréable et léger, c'est pénétrant et réconfortant. La Bonté ! Tel un médicament qui nous est, en chacun des paragraphes de chacune des pages de ce livre. glissé adroitement en l'âme. Rien de solennel, de compassé, dans la manière de ce docteur écrivain. Le docteur s'assied près de vous ; il cause, mêlant, aux péripéties de ces histoires, simples et grandes et si humaines, do. si vivantes, des souvenirs d'histoire, des réflexions fines et solides, et vous l'écoutez. Quatre « visites » de ce genre, et vous voilà le cœur remis d'aplomb sur les vrais bases de la sociabilité, de la solidarité, de ce qu'exprime le mot chrétien de « charité ». La Bonté ! Le second conte, celui de Fée Nanette, est un vrai chef-d'œuvre. Les autres ont de grands mérites. « C'est bien curieux les hommes. Depuis la mort des fées, ils n'y voient plus du tout, et ne s'en doutent point. » Cette réflexion mélancolique et profonde de Mæterlinck sert d'exergue au livre du docteur Rouby. Celui-ci nous ramène les fées pour que nos yeux se rouvrent et voient, en redevenant, et notre cœur de même, des yeux d'enfant. La méthode n'est pas mauvaise du tout.

P. C.
(Le Nouvelliste de Bordeaux.)

Pour paraître le 1er Avril 1919

———

P. SAINTYVES

———

Les Liturgies

populaires

Rondes enfantines et Quêtes saisonnières

Albi. — Imprimerie Nouvelle, 20, Av. du Colonel-Teyssier

V

X* X* X*

—

Les Roseaux
de
Midas

Pourquoi l'écrivain anonyme des *Roseaux de Midas* n'a-t-il pas, pour appuyer sa si juste opinion sur le vers régulier, cité la parole de Montaigne : « La pensée pressée aux pieds *nombreux* de la poésie me fiert d'une plus vive secousse. » Dans une langue comme la nôtre, où l'accent tonique des mots n'existe pas, la rime est nécessaire. Nous ne pouvons qu'applaudir à cette salutaire campagne contre le vers libre. Pourquoi faut-il que nous fassions d'autre part les plus grandes réserves au sujet des jugements sur Baudelaire, sur Mæterlinck, sur Becque et sur tant d'autres qui sont le prétexte de paradoxes séduisants mais combien injustes. Un livre qui aurait pu être un bon livre et qui n'est qu'un livre curieux.

(Les Tablettes des Deux-Charentes.)

Lightning Source UK Ltd.
Milton Keynes UK
UKOW02f2205260813

215996UK00011B/1033/P